하나님의 기대

| 소강석 지음 |

쿰란출판사

○ 서문
·
·
·

하나님의 기대

　하나님은 당신의 형상대로 우리를 지으셨습니다. 그리고 이 땅에서 당신의 뜻대로 살아가기를 원하셨습니다. 그러나 인간은 하나님의 기대를 저버리고, 자신들의 욕심을 따라 주를 떠나고 말았습니다. 그러나 하나님은 변함없는 사랑으로 다시 찾아오시고, 당신의 형상으로 지으신 피조물들을 다시 회복하기 원하셨습니다. 성경은 그러한 회복의 역사입니다. 그러한 하나님의 기대를 기록해 놓은 사랑의 편지입니다.

　먼저, 하나님은 우리가 성전을 사모하기를 원하십니다. 성전은 하나님과 만나는 장소입니다. 그러므로 하나님은 항상 우리를 만나기 원하시는 것입니다. 하나님은 당신의 백성들이 항상 하나님 전에 나아와서 당신과 교제하기를 원하십니다. 왜냐하면 하나님과 만나고, 그것을 통해 우리의 영성을 회복하는 것이 우리의 삶에 있어서 가장 중요한 문제이기 때문입니다. 하나님은 성전의 구조를 통해서 그것을 우리에게 잘 보여주셨습니다.

또한 하나님은 우리가 우편성도가 되는 것을 기대하십니다. 여기서 우편이라는 것은 영적인 면에서 하나님 편이 되는 것을 말합니다. 물론 지리적으로도 이스라엘 사람들은 우편을 좋은 편으로 생각했지만, 궁극적으로 우편은 하나님의 편을 말하고, 복이 임하는 상태를 말합니다. 이스라엘 사람들은 성전 문이 향하고 있는 동쪽이 앞쪽이라고 생각했고, 성전이 있는 예루살렘이 우편에 있다고 생각했습니다. 예루살렘 성전에서 하나님께서 복을 명하셨기에 영적으로나 지리적으로 복을 얻는 길은 우편성도가 되는 것입니다.

또한 하나님은 우리가 양 같은 성도들이 되기를 원하십니다. 메시아는 고난당하는 어린 양의 이미지를 가지고 있습니다. 양이 주인의 명령에 잘 순종하고, 그 처분을 겸허히 기다리기에 그런 이미지를 갖게 되었을 것입니다. 그래서 우리도 메시아가 보이신 대로 하나님의 말씀에 순종하고, 그 처분을 겸허히 받아들이는 양 같은 성도들이 되어야 합니다. 그것이 하나님이 우리에게 기대하시는 것이고, 또한 하나님의 형상대로 지음 받은 성도의 원래 모습입니다.

이러한 하나님의 사랑과 기대를 나타내기 위해 사용된 여러 예표들은 예수 그리스도 안에 모두 성취가 됩니다. 그러므로 우리는 하나님께서 궁극적으로 예수 그리스도를 닮기를 원하신다고 말할 수 있는 것입니다. 그리스도를 닮아가는 것이 하나님께서 궁극적으로 기대하시는 것입니다. 우리의 목표는 예수 그리스도에게 맞추어져 있습니다. 이 책은 하나님께서 기대하시는 그리스도의 형상을 향하고 있다고 말할 수 있습니다.

이 책에는 구약의 여러 가지 배경 이야기가 등장합니다. 저는 이스라엘에서 공부하지는 않았지만 평상시 성경을 연구할 때 신구약의 배경에 깊은 관심을 가졌고, 주석을 공부할 때도 배경 주석을 중심으로 공부했습니다. 내러티브 설교를 준비할 때는 더욱 배경 이야기에 관심을 갖고 자세히 준비합니다. 특별히 저는 이 책을 준비하면서 예루살렘 대학에서 공부한 장재일 목사님의 책 《목사님, 밥하고 설교하세요》, 《복음서의 유대적 배경》을 참고했습니다. 그리고 저는 장재일 목사님을 통하여 개인적으로 구약 배경을 공부함으로써 성경 배경 지식에 대해 두루두루 도움을 얻었습니다.

저는 책을 쓰며 하나님께서 우리에게 보이신 기대와 사랑을 다시 체험할 수 있었습니다. 그리스도를 십자가에 매다시면서까지 우리에게 보이신 그 사랑과 기대를 다시 돌이켜 볼 수 있었습니다. 그래서 이 메시지를 통해 한국교회와 우리의 삶이 다시금 애틋한 하나님의 사랑과 기대로 물들기를 기대합니다. 나아가 이 책을 읽는 모든 성도들이 잊혀졌던 하나님의 기대하심을 다시 자각하고, 그 기대하심에 부응하는 삶을 살아갈 것을 결심하는 역사가 있기를 바랍니다. 그리하여 한국교회가 하나님의 기대하심과 그 사랑에 응답하고, 그 기대하심을 통해 더 성장하고 새로워지기를 바랍니다.

이 책의 출판을 위해 항상 기도해 주셨던 믿음의 어머니 정 권 사님과, 내조를 아끼지 않는 아내에게 감사드립니다. 그리고 사랑하는 새에덴교회 성도님들과 당회원들께도 진심으로 감사드립니다. 그리고 책의 출판을 위해 수고하신 쿰란출판사의 이형규 장로님과 직원들, 원고 정리를 위해 수고한 사랑하는 동역자 이용진 목사님께 감사드립니다. 그러나 무엇보다 보잘것없는 이 종을 이렇게 사랑하셔서 이 사역을 이루어 가시는 우리 하나님 아버지께 겸허히 모든 영광을 돌려드립니다.

2010년 3월 10일
소강석

○ 차례

서문 • 2

하나님의 기대 ❶

성전 동문으로 들어가라 • 9

하나님의 기대 ❷

우편 성도가 되라 • 40

하나님의 기대 ❸

양 같은 성도가 되라 • 67

하나님의 기대 ❹

지혜로운 뱀, 순결한 비둘기가 되라 • 98

🍃 하나님의 기대 ❺

　　귀한 그릇으로 빚음 받으라 • 125

🍃 하나님의 기대 ❻

　　가족 공동체를 이루라 • 151

🍃 하나님의 기대 ❼

　　하나님의 기대와 희망이 되라 • 178

🍃 하나님의 기대 ❽

　　살려주는 영이 되라 • 207

🍃 하나님의 기대 ❾

　　복된 행진을 이루라 • 235

 하나님의 기대 ❶

성전 동문으로 들어가라

에스겔 47장 1-2절

에덴의 개념이 바로 구약 성전에 담겨지도록 하신 것입니다. 다시 말하면 구약 성전의 구조 안에 에덴의 구조와 시스템이 영적으로 다 들어간 것입니다. 한 마디로 에덴의 영적 시스템이 구약의 성전에 담겨진 것입니다. 그래서 하나님은 에덴의 정문이 동쪽으로 나 있었던 것처럼 성막과 성전의 정문도 동쪽에 두신 것입니다. 에스겔 47장 1-2절에서도 하나님의 성전의 정문이 바로 동쪽이라고 했습니다. 물론 에스겔이 환상으로 본 성전은 지상 성전이 아니었습니다. 앞으로 영적으로 이루어질 천상의 성전을 묘사한 것입니다. 그런데 그렇게 완성될 성전의 정문도 동쪽을 향하고 있습니다.

하나님께서 우리에게 기대하시는 것이 있습니다. 그것은 우리가 성전 동문으로 들어가는 것입니다. 이 의미를 잘 이해하기 위해 우리는 먼저 에덴동산의 상황을 잘 파악해야 합니다. 아담과 하와는 항상 생명나무를 사모하지 아니하고 결국 선악을 알게 하는 나무를 선택했습니다. 그것은 그들에게 엄청난 결과를 가져다 주었습니다. 그들은 돌이킬 수 없는 상황인 죽음에 이르게 된 것입니다.

그러므로 우리는 항상 생명나무를 선택해서 하나님의 기적과 축복을 많이 경험하고 누려야 합니다. 그래서 생명나무의 기적과 축복을 더 많이 간증해야 합니다.

그런데 생명나무가 어디에 있었는지 아십니까? 그 옛날의 에덴동산입니다. 에덴동산은 어떤 곳이었습니까? 무엇보다 죄가 없는 곳이었습니다. 하나님이 임재해 계시고 생명이 충만한 곳이었습니다. 사망과 저주가 없고, 언제나 은혜와 축복이 충만한 곳이었습니다.

이러한 생명이 충만한 에덴동산의 중심은 바로 생명나무였습니다. 하나님께서는 아담과 하와가 선악과나무를 선택하지 않고 생명나무를 선택함으로써 완전한 구원과 영생을 누리길 원하셨습니다. 완전한 은혜와 축복을 누리길 원하셨던 것입니다.

그 생명나무를 어거스틴은 '예수 그리스도'라고 하였고, 칼빈은 '성만찬'이라고 했습니다. 그러니까 아담과 하와는 언제나 하나님의 말씀과 예수 그리스도를 선택하고 하나님의 은혜를 선택해야 했던 것입니다. 그러나 아담과 하와는 하나님의 명령을 어기고 죄를 짓고 타락하여 에덴에서 쫓겨나고 말았습니다. 그리고 하나님은 아무도 들어오지 못하도록 에덴동산을 굳게 잠가 버리셨던 것입니다.

타락하기 전, 아담과 하와는 에덴동산에서 생명나무를 비롯하여 모든 과실을 따 먹을 수 있었습니다. 뿐만 아니라 모든 씨 맺는 채소를 먹을 수 있었습니다. 왜냐하면 하나님은 그것을 모두 인간에게 식물로 주셨기 때문입니다.

> 하나님이 이르시되 땅은 풀과 씨 맺는 채소와 각기 종류대로 씨 가진 열매 맺는 나무를 내라 하시니 그대로 되어 땅이 풀과 각기 종류대로 씨 맺는 채소와 각기 종류대로 씨 가진 열매 맺는 나무를 내니 하나님이 보시기에 좋았더라 (창 1:11-12)

그런데 아담과 하와가 타락한 후로 에덴동산 바깥의 세상은 온통 죄와 저주로 가득해졌습니다. 아담과 하와도 죄의 몸으로 전락하고 말았습니다. 아담은 땀을 흘려 노동을 해야 했고, 하와는 잉태하는 고통을 가지게 되었습니다. 그리고 아담과 하와는 죽음의 존재가 되어 버렸습니다. 뿐만 아니라 온 세상에는 씨 맺는 채소와 곡식과 과일나무보다 엉겅퀴와 찔레와 온갖 가시나무들이 더 번성하게 되었습니다. 이것은 모두 땅이 저주받은 결과입니다.

 땅이 네게 가시덤불과 엉겅퀴를 낼 것이라 (창 3:18)

우리가 성경을 아무리 찾아봐도 하나님께서 엿새 동안 창조하신 것 가운데 가시덤불과 엉겅퀴가 있다는 말은 없습니다. 이것은 다 아담과 하와가 불순종하여 선악과를 따먹은 후 저주받은 결과로 생겨난 것이었습니다. 그래서 창세기 3장 18절에 말씀하기를 죄의 결과로 가시덤불과 엉겅퀴를 내게 되었다고 하지 않습니까?

가시와 엉겅퀴

저는 여기서 '가시와 엉겅퀴'라는 말이 그냥 어떤 식물을 표현하고 있는 것만은 아니라고 봅니다. 이것은 식물적 표현이기도 하지만 동시에 영적이고 상징적인 의미도 포함하고 있다고 생각합니다. 그 영적, 상징적 의미는 무엇입니까? 저주 그 자체입니다. 저주에 대한 상징이라는 것입니다.

그런데 혹시 인간이 타락하기 전에 하나님께서 가시와 엉겅퀴를 만들어 놓았을 수도 있습니다. 발견하지 못했던 것입니다. 그러다 타락 후 그 가시나무와 엉겅퀴가 일반 곡식과 씨 맺는 채소보다 더 잘 자라게 되었을 수도 있습니다. 그래서 가시와 엉겅퀴를 저주의 상징으로 썼다고 이야기할 수도 있습니다. 그러니까 하나님이 가시와 엉겅퀴를 만들어 놓았다 할지라도 그것이 성경에는 안 나오다가 타락 이후에 더 잘 자라게 되어 저주의 이미지가 되도록 하신 것이라는 말입니다.

가시의 특징이 무엇입니까? 찌르는 것입니다. 가시에 찔리면 얼마나 아픕니까? 계속해서 가시로 찔러대면 무척 아플 것입니다. 우리가 주사를 한두 대쯤 맞는 것은 그래도 참을 수 있습니다. 그런데 하루에 주사를 한꺼번에 3천 대, 5천 대 맞는다고 생각해 보십시오. 주사바늘이 꽂힌다고 생각해 보십시오. 죽고 싶을 정도로 괴로울 것입니다.

그와 같이 저주는 우리를 고통스럽게 만듭니다. 왜냐하면 저주에는 가시가 있기 때문입니다. 이 저주에는 우리를 고통스럽게 해서 눈물과 아픔과 한숨 짓게 하는 가시들이 있습니다. 이 가시 때문에 사람들이 원통해 하고 좌절하고 절망하고 분노하는 것입니다. 그래서 이 분노와 좌절을 이기지 못한 어떤 사람들은 스스로 목숨을 끊어버리기도 합니다.

그런데 자기 자신만 죽입니까? 다른 사람도 죽입니다. 가족도 예외가 아닙니다. 그래서 자식이 부모를 죽이고, 부모가 자식을 죽이고, 형제가 형제를 죽이는 것입니다. 이 땅에 죄악이 관영하기 때문에 그런 것입니다. 바로 이러한 일들이 에덴의 동쪽에서 제일 먼저 시작됐습니다. 아담과 하와가 에덴동산에서 쫓겨났을 때 어느 쪽으로 갔습니까? 에덴의 동쪽이 아닙니까?

> 이같이 하나님이 그 사람을 쫓아내시고 에덴 동산 동쪽에 그룹들과 두루 도는 불 칼을 두어 생명 나무의 길을 지키게 하시니라 (창 3:24)

> 가인이 여호와 앞을 떠나서 에덴 동쪽 놋 땅에 거주하더니 (창 4:16)

이 에덴의 동쪽으로 아담과 하와가 쫓겨났습니다. 거기서 아담과 하와가 동침해서 자식들을 낳았습니다. 하와가 그 자식들을 어떻게 낳았겠습니까? 엄청난 해산의 고통 속에서 낳았을 것입니다. 그리고 아담은 얼마나 땀 흘려 일했겠습니까? 왜냐하면 에덴동산에는 가시나무나 엉겅퀴가 없었습니다. 아니 가시나무와 엉겅퀴가 있었을지라도 잘 자라지도 않았을 것입니다. 그런데 에덴동산 동쪽에서는 가시와 엉겅퀴가 엄청나게 잘 자란 것입니다. 그러니 땀 흘려 일하지 않으면 안 되었던 것입니다.

에덴의 동쪽의 삶

이것이 에덴의 동쪽의 삶이었습니다. 그런데 그러한 삶이 에덴의 동쪽에만 있습니까? 아닙니다. 오늘 우리가 사는 세상에도 에덴의 동쪽의 삶이 있습니다. 세상 사람들을 보면 얼마나 많은 죄와 저주 속에서 살아가고 있는지 모릅니다. 서로가 서로를 죽이고 찌르고, 심지어는 스스로를 죽이기도 합니다. 그래서 자식이 부모를 죽이고 부모가 자식을 죽이고 형제가 형제를 죽이고 하는 것입니다. 이것이 세상 아닙니까?

우리는 이 가시를 이겨야 합니다. 뿌리까지 송두리째 뽑아버려야 됩니다. 어떻게 뽑을 수 있습니까? 예수의 이름으로, 생명나무를 선택함으로 뽑을 수 있습니다. 이 가시나무가 우리의 가정과 직장에 한 그루도 없기를 바랍니다. 우리 앞에 설령 보이지 않는 가시일지라도 다 뽑아 버려야 합니다. 예수의 이름으로 제초제를 뿌려서 뿌리째 뽑아버려야 합니다. 그래서 만사형통하고 승승장구하고 일취월장하는 축복을 받아야 합니다.

그런데 지금 우리는 이렇게 예수의 이름으로 모든 가시를 이길 수 있는 비결을 가지고 있지만 에덴의 동쪽에서는 그것을 몰랐습니다. 그래서 그들이 항상 사모한 것이 무엇이었습니까? 어디를 사모했습니까? 에덴동산을 사모했습니다. 에덴에는 가시가 없었잖습니까? 그래서 행복하게 살 수 있었던 것 아닙니까? 에덴에는 언제나 행복과 감사가 넘쳤습니다. 그러니까 에덴을 사모한 것입니다. 그런데 에덴동산 중에서도 무엇을 사모했을까요? 생명나무입니다.

얼마나 그리웠겠습니까? '그때 생명나무를 선택했더라면 얼마나 좋았을까?' '그때 왜 생명나무를 선택하지 않아서 이 고통을 다 하는 것일까?' '아, 지금이라도 기회가 주어진다면 이제는 생명나무를 선택할 텐데……이제는 생명나무 열매를 따 먹을텐데…….'

에덴에 다시 가고 싶어도 갈 수가 없었습니다. 그땐 생명나무가 그렇게 귀한 줄 몰랐습니다. 그런데 오늘도 생명나무를 선택하는 일, 생명나무 중심의 신앙생활을 하는 것이 얼마나 귀중한지 모르는 사람들이 있습니다. 에덴의 은혜와 축복을 누릴 때는 그것이 귀한 줄 모르는 것입니다.

그러다 은혜와 축복을 다 빼앗겨 보십시오. 그러면 허수아비가 되는 것입니다. '내가 왜 그랬던가?' 하면서 나중에서야 귀한 줄을 알게 됩니다. 그렇기 때문에 아담과 하와가 얼마나 에덴을 그리워했는지 모릅니다. 낮이나 밤이나 생명나무를 그리워하고 사모하였습니다. 언제나 그들은 에덴의 동쪽에서 에덴을 바라본 것입니다. 그러나 하나님은 아담과 하와를 내쫓으신 후에 바로 천사를 시켜서 에덴동산 동쪽을 굳게 지키게 하셨습니다. 혹시 그들이 에덴으로 돌아와 생명나무 열매를 따먹고 영생할까 싶어서였습니다.

여호와 하나님이 이르시되……그가 그의 손을 들어 생명나무 열매도 따먹고 영생할까 하노라 하시고 (창 3:22)

> 하나님이 그 사람을 쫓아내시고 에덴동산 동쪽에 그룹들과 두루 도는 불칼을 두어 생명나무의 길을 지키게 하시니라 (창 3:24)

그런데 하나님이 인심이 좋아서 생명나무 열매를 따먹고 살게 해주시면 얼마나 좋겠습니까? 그러나 우리 하나님은 언약의 하나님이시기 때문에 하나님이 하신 말씀을 번복하실 수가 없었습니다. 그러니까 언약을 어긴 다음에 다시 생명나무를 따먹는다고 되는 것이 아닙니다. 그 언약이 무엇이었습니까? 선악과를 먹으면 저주를 받고 죽게 된다는 것이었습니다. 만약 하나님이 그 언약을 어긴다면 사탄이 얼마나 하나님을 우습게 알겠습니까?

그래서 우리에게는 하나님이 다시 은혜를 주시는 수밖에 없었습니다. 언약을 어기는 것은 하나님께도 무조건 안 되는 일이었기 때문입니다. 그래서 하나님은 예수 그리스도를 제2의 생명나무로 우리에게 주신 것입니다. 오늘도 예수 그리스도를 믿는 사람들은 구원과 은혜를 받게 됩니다. 온갖 축복을 다 누리는 것입니다.

언약의 하나님

이처럼 우리 하나님은 언약의 하나님이십니다. 에덴동산에서 언약을 맺으신 하나님께서는 그 언약을 어긴 아담과 하와에게 어쩔 수 없이 벌을 주셔야 했습니다. 그런데 정반대로 아담과 하와가 생명나무를 선택했더라면 반드시 축복을 받았을 것입니다. 하나님께서 축복을 주실 수밖에 없습니다.

그러므로 우리는 하나님이 언약의 하나님이시라는 사실을 믿어야 합니다. 그래서 하나님의 언약을 붙잡고 생명나무를 선택하며 축복의 씨를 뿌려야 합니다. 생명나무를 선택하면 반드시 축복을 받습니다. 어찌하든지 생명나무를 선택하며 승리의 주인공, 축복의 주인공들이 다 되어야 하겠습니다.

여기서 꼭 하나 짚고 넘어가야 할 것이 있습니다. 생명나무를 선택해야 한다고 해서 생명나무 자체에 능력이 있다는 말이 아니라는 것입니다. 어디까지나 생명나무는 하나님의 언약을 강조하기 위해서 사용된 것입니다. 생명나무에 능력이 있기 때문이 아니라 하나님의 언약 때문에 생명나무를 선택하라는 것입니다.

그렇다면 생명나무 자체에 능력이 없다고 했으니까 그들이 다시 에덴에 와서 생명나무를 따먹도록 하나님이 놔두었다고 합시다. 천사들을 시켜서 지키지도 않고 말입니다. 그래서 그것을 따먹었는데도 다시 영생도 구원도 못 받게 되었다고 합시다. 그러면 아담과 하와가 갑자기 무슨 생각을 했겠습니까? '아! 그때 언약이 별거 아니었잖아!' 하고 하나님을 거짓말하는 분으로 생각하지 않겠습니까? 그리고 하나님의 언약은 말도 안 되는 것이었다고 생각했을 것입니다.

그래서 아예 생명나무 열매가 다 떨어지거나 아니면 생명나무가 하늘로 올라가든지 없어질 때까지 지키게 하는 것이 하나님으로서는 가장 좋은 방법이었습니다. 왜 그렇습니까? 하나님의 언약 때문입니다.

그러니까 하나님이 이제 천사들을 시켜서 에덴동산의 동문을 막아버린 것입니다. 그러자 인간은 에덴을 향한 그리움과 갈망이 더 깊어지게 되었습니다. 생명나무에 대한 사랑이 더 강렬해진 것입니다.

그런데 그 그리움과 갈망은 구약 백성들에게 계속 이어졌습니다. 아니 하나님께서 구약 백성들로 하여금 그 그리움을 갖도록 하셨습니다. 그러다가 하나님이 그 그리움을 담아 둘 곳을 정하셨습니다. 그곳이 어디입니까? 바로 하나님의 성전입니다. 하나님의 성전에 그 그리움을 담아 놓으셨습니다.

성전에 담겨 있는 에덴

에덴의 개념이 바로 구약 성전에 담겨지도록 하신 것입니다. 다시 말하면 구약 성전의 구조 안에 에덴의 구조와 시스템이 영적으로 다 들어간 것입니다. 한 마디로 에덴의 영적 시스템이 구약의 성전에 담겨진 것입니다.

그래서 하나님은 에덴의 정문이 동쪽으로 나 있었던 것처럼 성막과 성전의 정문도 동쪽에 두셨습니다. 에스겔 47장 1-2절을 보면 하나님의 성전의 정문이 바로 동쪽이라고 했습니다. 물론 여기서 에스겔이 환상으로 본 성전은 지상 성전이 아니었습니다. 앞으로 영적으로 이루어질 천상의 성전을 묘사한 것입니다. 그런데 그렇게 완성될 성전의 정문도 동쪽을 향하고 있습니다.

> 그가 나를 데리고 성전 문에 이르시니 성전의 앞면이 동쪽을 향하였는데 그 문지방 밑에서 물이 나와 동쪽으로 흐르다가 성전 오른쪽 제단 남쪽으로 흘러 내리더라 그가 또 나를 데리고 북문으로 나가서 바깥 길로 꺾어 동쪽을 향한 바깥 문에 이르시기로 본즉 물이 그 오른쪽에서 스며 나오더라 (겔 47:1-2)

그러니까 구약 백성들이 성전에 출입할 때는 언제나 동쪽 문을 이용한 것입니다. 그 동문을 통해 성전에 들어가서 번제단에서 제사를 지내고 성소를 거쳐 지성소로 들어가는 것입니다. 구약 백성들은 그 지성소에 있었던 속죄소와 법궤의 영광을 예수 그리스도, 곧 생명나무로 생각했습니다.

구약 백성들은 지성소에 들어가서 생명나무 열매를 따 먹는다고 생각했습니다. 죄 용서함을 받고 생명과 온갖 축복과 기적을 얻는다고 믿었습니다. 아무튼 성전은 동문으로 들어가는데 그야말로 그 문은 축복의 문, 은총의 문이었습니다. 그래서 성전 동문으로 들어가는 자체가 에덴으로 들어가는 것으로 생각한 것입니다. 축복을 받으러 가는 것이라고 생각한 것입니다.

성전의 동문

그러니 성전 동문으로 들어가는 것이 그들에게 얼마나 큰 영광이었겠습니까? 구약 백성들에게 있어서 성전에 들어가는 것은 최고의 축복이었습니다. 그런데 그 성전에 아무나 들어갈 수 있는 것이 아니었습니다. 우리 예수님이 이 땅에 와서 하신 일을 크게 두 가지로 볼 수 있는데, 하나는 하나님 나라의 복음을 전파하는 것이고 다른 하나는 병자를 고치는 것이었습니다. 여기서 우리는 예수님이 하신 일에 주목해야 됩니다.

구약 시대에는 귀머거리, 벙어리, 소경과 같은 지체불구자들은 성전에 못 들어갔습니다. 불결한 자도 성전에 못 들어갔습니다. 예를 든다면 피부병 환자, 문둥병 환자, 시체를 보거나 만진 자, 심지어는 생리 중에 있는 여자, 계속해서 하혈을 하고 있는 여자는 다 성전에 들어갈 수가 없었습니다.

왜 이런 사람들은 성전에 들어갈 수 없었을까요? 성전은 하나님이 계신 곳이기 때문입니다. 그런데 하나님은 어떤 분이십니까? 완전하신 하나님입니다. 이 완전하신 하나님이 성전에 계시기 때문에 불완전하고 온전치 못한 사람들은 들어갈 수 없었던 것입니다. 그래서 시체를 보고 만지거나 불결하고 더러운 자들은 그곳에 들어갈 수가 없었습니다.

그런데 우리 예수님은 하나님 나라의 왕으로 오시지 않았습니까? 하나님 나라의 왕으로 오셔서 제일 먼저 하신 일이 무엇이었습니까? 하나님 나라의 복음을 선포하셨습니다. 그리고 나서 하신 일이 치유 사역이었습니다. 즉, 병 고치는 사역을 하셨습니다. 소경의 눈을 뜨게 하시고, 앉은뱅이를 일으켜 세우시고, 귀머거리를 듣게 하시고, 온갖 불구자와 각색 병든 자를 고치셨습니다.

예수님의 병 고치는 사역

예수님은 먼저 하나님 나라의 복음을 선포하시고 각색 병자를 고치시지 않았습니까? 예수님이 왜 이렇게 병을 고치셨습니까? 당신이 메시아임을 증명해 보이려고요? 당신께서 이렇게 권능이 있고 능력이 있는 자임을 보여 주려고요? 하나님의 나라는 말에 있지 않고 능력에 있다는 것을 보여 주려고요? 물론 그런 면도 있을 수 있습니다.

그러나 그보다 중요한 것이 무엇입니까? 이런 병자들을 고쳐서 하나님의 성전에 들어갈 수 있게 만드는 것이 목표였습니다. 예수님은 하나님 앞에서 불완전하고 온전치 못하고 거룩하지 못하고 불결한 자들을 다 온전하게 해주셨습니다. 정상적으로 깨끗하게 회복시켜 주셔서 하나님을 대면하게 만들어 주신 것입니다.

예수님이 오시기 전까지는 불구의 몸이거나 불완전한 몸, 그리고 더러운 몸을 가진 사람들은 다 변방에 있었습니다. 아웃사이더이고 마이너리그였습니다. 왜 그렇습니까? 하나님의 성전에 들어갈 수 없었기 때문입니다. 그들은 백성들 사이에서도 소외되어 있었습니다. 그런데 예수님은 그들을 고치시고 치유하셔서 하나님의 성전에 들어가게 해주셨습니다. 하나님을 대면할 수 있도록 하신 것입니다. 이것이 그들에게는 최고의 소망이요, 영광이었습니다.

그러므로 우리가 이것을 생각해야 합니다. 지금 우리가 교회에 출입하는 것이 얼마나 큰 축복인지를 말입니다. 또 교회에 아무나 들어올 수 있다는 것이 얼마나 큰 은혜인지를 알아야 합니다. 거기다 교회에 와서 하나님께 예배를 드리고 봉사하는 것이 최고의 영광이요 축복임을 알아야 합니다.

교회는 자주 올수록 좋습니다. 학교 가기 전에 교회에 들러서 기도하고 가고, 또 직장에 가기 전에도 교회에 들러서 기도하고 가면 얼마나 좋겠습니까? 학교에서 돌아올 때나 직장에서 집으로 돌아올 때 교회에 들러서 기도하고 간다면 그 같은 축복이 또 어디 있겠습니까? 우리가 이 영광을 모르니까 주일 낮 예배 때만 나오는 것입니다. 밤에도 예배드리는 시간이 있으면 잘 나와서 하나님의 은혜와 축복을 누려야 하지 않겠습니까?

그러나 예배당에만 다녀간다고 해서 교회 오는 것이 아닙니다. 우리가 교회라고 할 때 건물을 말하는 부분도 있지만 그렇다고 건물 자체가 교회인 것은 아닙니다. 날마다 그저 아무 생각 없이 교회만 왔다갔다하는 것은 의미가 없습니다. 그것은 교회 마당만 밟을 뿐입니다. 생명나무를 따먹고 가야 합니다.

또 어떤 사람들은 교회를 다녀가면서도 선악과만 따고 생명나무를 선택하지 않습니다. 그런 사람들은 참 이스라엘 속에 못 들어갑니다. 참 교회 속으로 들어갈 수가 없습니다. 그러니까 항상 은혜 속에 살지 못하고 축복도 없습니다.

참 은혜가 무엇입니까? 참 은혜 속에 산다는 것이 무슨 뜻입니까? 바로 지성소에 들어가는 것입니다. 지성소에 들어가 생명나무 열매를 따먹는 것입니다. 이것을 구약에서는 공간적으로, 신약에서는 영역적 개념으로 생각해야 합니다. 마치 마당 신자, 성소 신자, 그리고 지성소 신자로 나눌 수 있는 것과 같습니다.

구약에서는 휘장을 통과해서 지성소에 들어갈 수 있는 사람은 대제사장뿐이었습니다. 대제사장만이 지성소에 들어가서 법궤에 임재하신 하나님을 보고 올 수 있었습니다. 다시 말하면 대제사장만이 생명나무를 따먹고 오는 것입니다. 그리고 그 대제사장을 통해서 구약 백성들이 생명나무의 은혜를 받았습니다.

▲ 성전의 휘장

성전의 휘장

성전의 휘장도 바로 이것을 잘 보여주고 있습니다. 성전의 휘장에 무슨 그림이 수놓아져 있는 줄 아십니까? 그룹(천사)의 모습이 그려져 있습니다. 그룹 천사가 두 손을 들고 거룩하신 하나님께 찬양하며 영광을 돌리고 있습니다. 또 이 장면은 지성소가 거룩하니 아무나 지성소를 들어갈 수 없다는 것을 암시하고 있기도 합니다.

그런데 이것은 무엇을 염두에 두고 그린 줄 아십니까? 에덴동산을 열망하며 그린 것입니다. 마치 에덴동산의 동쪽에서 천사들이

화염검을 들고 지키는 것처럼, 그래서 생명나무 열매를 따먹지 못하게 막고 있는 것처럼 성전에서도 그룹이 지성소를 지키고 있는 것입니다.

그런데 예수 그리스도께서 대제사장으로 오셔서 성전의 휘장을 찢어버리셨습니다. 그 후로는 누구나 지성소에 들어가서 생명나무 열매를 따먹을 수 있도록 해주셨습니다. 그 누구든지 은혜의 보좌 앞에 나아가 생명나무 열매를 따먹을 수 있게 된 것입니다.

이와 같이 구약의 성전은 에덴의 모형이라고 할 수 있습니다. 에덴으로 가는 중간 기능과 역할을 한다고 볼 수 있습니다. 아니 성전의 컨셉은 임마누엘 자체입니다. 하나님이 언제나 성전에 임재해 계신다고 생각했기 때문입니다. 그래서 구약의 백성들은 성전에서 하나님의 임재를 경험하며 생명을 얻고 축복을 받은 것입니다.

그런데 앞에서 말씀드린 대로 불구자들은 성전에 들어갈 자격을 얻지 못했습니다. 반면에 성전에 들어가는 사람들은 얼마나 그것이 영광스러웠겠습니까? 그것도 성전 동문으로 들어가는 것입니다. 성전 후문이나 옆문이 아니라 정문으로 들어가는 것입니다.

그런데 어느 날 예수님이 오셔서는 자신이 하나님의 성전이라고 말씀하신 것입니다. 거기다가 이 보이는 성전을 헐면 자신이 새로운 성전을 세우겠다고 말씀하셨습니다. 그러니 이스라엘 백성들이 얼마나 놀랐겠습니까? 굉장한 충격을 받은 것입니다. 그 영광스러운 성전을 헐라고 했으니 말입니다.

> 예수께서 대답하여 이르시되 너희가 이 성전을 헐라 내가 사흘 동안에 일으키리라 유대인들이 이르되 이 성전은 사십육 년 동안에 지었거늘 네가 삼 일 동안에 일으키겠느냐 하더라 그러나 예수는 성전 된 자기 육체를 가리켜 말씀하신 것이라 (요 2:19-21)

예수님이 이 거대한 성전을 허물면 당신이 사흘 만에 다시 세우겠다고 하시지 않았습니까? 그런데 그 성전은 예수님 자신의 몸을 가리킨다고 했습니다. 그러니 유대인들이 얼마나 황당했겠습니까? 유대인들은 의문을 가질 수밖에 없었습니다. '어떻게 보이지 않는 성전이 새로 세워질 것인가?'

물론 유대인들은 에스겔이 보았던 환상을 기억하며 메시아가 와서 성전을 지을 것이라고 생각했습니다. 그 성전은 그야말로 완전한 성전이요 거룩한 성전이 될 것이라고 생각했습니다. 그런 생각을 하고 있던 유대인들에게 예수님께서 자신의 육체가 성전이고 그 육체를 통해 새로운 성전을 짓겠다고 하셨으니 얼마나 참람한 이야기였겠습니까?

그래서 유대인들이 예수님을 죽이려고 했던 것이고 결국 십자가에 못 박아 죽인 것이 아닙니까? 그러나 사실 그렇게 해서 새로운 성전이 지어진 것입니다. 과연 그 새 성전은 예수님의 육체였습니다. 왜냐하면 예수님의 육체 안에 하나님이 계셨기 때문입니다. 그런데 예수님이 십자가에 죽으심으로써 자신의 육체 안에 계신 성령을 그를 믿는 성도들에게 이월되게 하셨습니다. 그래서 이제는 성도들의 몸이 하나님의 성전이 되도록 하신 것입니다.

> 너희는 너희가 하나님의 성전인 것과 하나님의 성령이 너희 안에 계시는 것을 알지 못하느냐 (고전 3:16)

> 너희 몸은 너희가 하나님께로부터 받은 바 너희 가운데 계신 성령의 전인 줄을 알지 못하느냐 너희는 너희 자신의 것이 아니라 값으로 산 것이 되었으니 그런즉 너희 몸으로 하나님께 영광을 돌리라 (고전 6:19-20)

이렇게 하나님은 우리 몸이 성전이 되게 해주셨습니다. 물론 개인적으로는 우리 몸도 성전이지만 예수님은 이런 성전을 보여 주셨습니다. 하나님의 더 큰 성전을 이루게 하신 것입니다. 그것이 바로 그리스도의 몸 된 교회입니다. 이제 우리는 지체로서의 성전이고 교회는 주님의 몸으로서의 성전입니다. 우리는 지체로서의 부분적인 성전이지만 교회는 그리스도의 몸으로서 전체적인 성전이라고 할 수 있습니다.

그러므로 우리 몸도 하나님의 성전이라면 우리 몸 안에도 에덴의 구조가 이월되어 있어야 합니다. 거기에는 언제나 생명나무가 자리 잡고 있어야 됩니다. 그러나 언제나 우리 안에는 선악과가 있습니다. 우리 안에 생명나무가 중심이 되어 있어야 하는데, 선악과 나무가 자리를 잡고 있습니다. 그러니 타락한 성전입니다.

우리는 언제나 주님을 주인으로 모시는 신앙, 생명나무가 우리 마음 한가운데 자리 잡고 있는 신앙을 가져야 합니다. 그럴 때 진정한 성전, 완전한 성전이 되는 것입니다. 바로 그런 사람들에게 하나님의 기적과 축복이 쏟아집니다. 저절로 에덴의 축복이 임하는 것입니다. 왜냐하면 그 사람은 기적과 축복의 원리와 법칙대로 살기 때문입니다. 그런 사람은 자동적으로 잘될 수밖에 없습니다.

그러나 선악과가 삶의 중심에 있는 사람은 절대 잘될 수가 없습니다. 올바를 수가 없습니다. 형통하며 승승장구할 수가 없습니다. 날마다 부딪히고 상충되고 꼬일 수밖에 없습니다. 그러므로 무슨 일이 있어도 우리의 삶의 중심에 생명나무가 가득하게 심겨지고 거기에 정결한 열매까지 맺어야 하겠습니다. 그래서 언제나 승승장구하며 만사형통하는 축복을 받아야 합니다.

그런데 이것을 우리가 개인적으로만 교훈받아서는 안 됩니다. 우리는 전체적인 성전인 교회론적으로 봐야 됩니다.

구약 시대 백성들은 자신들의 죄 문제를 해결받고 생명과 구원을 얻기 위해서는 반드시 성전의 제단을 통과해야 했습니다. 그리고 성소를 통과하여 지성소에 들어가서 하나님을 만나야 했습니다. 그런데 구약 시대 백성들은 그것을 에덴동산에 들어가서 생명나무 열매를 따먹는 것이라고 생각했습니다. 그러나 그 길은 우리 예수님이 열어 주셨습니다. 그것은 바로 우리 예수님이 새 성전을 이루신 사건으로 설명됩니다. 그 새 성전은 주님의 몸 된 교회로 이루어졌습니다. 그리고 그 교회는 종말에 가서는 하나님의 나라로 이루어지게 될 것입니다.

오늘날 우리가 예수 그리스도를 통해서 교회에 오는 것이 얼마나 큰 축복인지 모릅니다. 더구나 성전 정문을 통해서 교회에 들어와 정상적인 신앙생활을 하고 생명나무를 선택하는 것이 얼마나 큰 축복인지 모릅니다. 이것을 다음과 같이 표현할 수 있습니다.

에덴동산 ⇒ 성막+성전 ⇒ 예수 그리스도 성전(요 2:19) ⇒ 〈성도성전(개인 성전) 교회성전(전체 성전)〉 ⇒ 생명나무 선택 ⇒ 〈은혜·축복(기적)〉 ⇒ 천상성전

그러면 구체적으로 어떻게 하나님의 성전인 몸 된 교회에서 신앙생활을 하며 교회를 섬겨야 하겠습니까? 어떻게 하는 것이 성전의 동문으로 들어오는 것이고, 어떻게 하는 것이 그 동문을 출입

하는 신앙생활이며, 봉사생활이겠습니까?

교회에 가만히 들어오지 말고 정문으로 들어와야 합니다.

유다서를 보면 교회에 가만히 들어온 자가 있다고 말씀합니다.

이는 가만히 들어온 사람 몇이 있음이라 그들은 옛적부터 이 판결을 받기로 미리 기록된 자니 경건하지 아니하여 우리 하나님의 은혜를 도리어 방탕한 것으로 바꾸고 홀로 하나이신 주재 곧 우리 주 예수 그리스도를 부인하는 자니라 (유 1:4)

가만히 들어왔다는 말은 옆으로 들어왔다는 말입니다. 정문이 아니라 사이드로, 담을 넘어서 들어왔다는 것입니다. 이런 사람들은 생명나무를 선택하고 주님을 왕으로 모시며 섬기는 것이 아니라 교회를 은근히 흔들어댑니다. 선악과를 선택하면서 교회를 뒤죽박죽으로 만들어 놓습니다. 이런 사람들은 교회를 세우기 위해서 존재하는 것이 아니라 흔들기 위해서 존재하는 것입니다. 우리 주님은 이런 사람들을 향해서 진노하셨습니다.

……주께서 그 수만의 거룩한 자와 함께 임하셨나니 이는 뭇사람을 심판하사 모든 경건하지 않은 자가 경건하지 않게 행한 모든 경건하지 않은 일과 또 경건하지 않은 죄인들이 주를 거슬러 한 모든 완악한 말로 말미암아 그들을 정죄하려 하심이라 하였느니라 (유

1:14-15)

그런데 그런 사람들은 어떤 사람들입니까? 원망하고 불평하며 언제나 분열을 일으키는 사람이라고 했습니다. 자기 속에 불평이 꽉 차 있어서 은근하게 주위 사람들을 불평꾼으로 만듭니다. 이런 사람들은 또 자기 의와 공명심이 얼마나 많은지 모릅니다.

> 이 사람들은 원망하는 자며 불만을 토하는 자며 그 정욕대로 행하는 자라 그 입으로 자랑하는 말을 하며 이익을 위하여 아첨하느니라 사랑하는 자들아 너희는 우리 주 예수 그리스도의 사도들이 미리 한 말을 기억하라 그들이 너희에게 말하기를 마지막 때에 자기의 경건하지 않은 정욕대로 행하며 조롱하는 자들이 있으리라 하였나니 이 사람들은 분열을 일으키는 자며 육에 속한 자며 성령이 없는 자니라 (유 1:16-19)

이 사람들은 ① 원망·불평하며 ② 정욕대로 살아가고 ③ 아첨·이간질하며 ④ 분열을 조장하고 ⑤ 육에 속하고 성령이 없는 자들입니다. 한 마디로 영적이지 않습니다. 그러니 무슨 복을 받겠습니까? 가만히 들어온 자들이 이렇단 말입니다.

그러므로 교회에 올 때는 언제나 정문으로 오시기 바랍니다. 물론 여기서 말하는 것은 공간적인 정문과 후문이 아닙니다. 영적인 의미입니다. 우리가 영적으로 절대 가만히 들어온 사람이 되어서는 안 된다는 것입니다. 영적인 교회 정문으로 떳떳하고 당당하게 들어와야 합니다. 이 정문으로 들어오는 것이 바로 동문으로 들어오는 것입니다.

> 내게 의의 문들을 열지어다 내가 그리로 들어가서 여호와께 감사하리로다 (시 118:19)

축복 받은 사람들이 들어가는 문은 바로 성전 동문이었습니다.

> 여호와의 이름으로 오는 자가 복이 있음이여 우리가 여호와의 집에서 너희를 축복하였도다 (시 118:26)

그러므로 우리가 신앙생활을 할 때 생명나무 열매를 따먹는 바른 신앙생활을 해야 됩니다. 주류의 줄에서, 메이저리그에 올라가서 교회 봉사를 해야 합니다. 그것이 얼마나 큰 축복인 줄 아십니까? 그런데 어떤 사람들은 날마다 가만히 들어오더니 교회 안에서도 마이너리그에 있습니다. 수군거리고 불평하고 비판만 하니 어떻게 그 속에 은혜가 충만할 수 있습니까?

우리는 교회에 올 때도 언제나 정문으로 들어와 신앙생활을 하고, 어떤 경우에도 주님의 몸 된 교회에 애찬의 암초가 되어서는 안 됩니다. 우리는 언제나 예찬의 노래와 이야기로 생명나무를 선택해야 합니다. 그럴 때 하나님께서 큰 복을 주십니다. 승승장구하는 것입니다.

교회를 가까이 하고 사랑해야 합니다.

교회는 이 땅에서 가장 영광스러운 공동체입니다. 왜냐하면 주님이 주인이 되시고 머리가 되시기 때문입니다. 그리고 교회가 생명을 공급해주고 구원과 축복을 공급해주기 때문입니다. 그러므로 교회를 가까이 하면 복을 받고, 멀리하거나 대적하면 저주를 받습니다.

어떤 경우에도 교회를 대적해서는 안 됩니다. 대적하는 사람은 누구나 할 것 없이 저주받고 망하게 됩니다. 구약에서도 제단 뿔을 거역하고 대적하면 제단 뿔에 받혀서 죽게 되어 있습니다. 그런데 살인자라 할지라도 성전에 들어가서 제단 뿔을 잡고 있으면 죽지 않습니다. 구원을 받습니다. 그러니까 우리는 항상 교회를 가까이 하고 사랑해야 합니다.

이런 사람이 바로 성전 동문으로 들어가는 사람입니다. 축복의 정문으로 들어가는 사람입니다. 그러므로 교회를 더욱 가까이 하고, 언제나 성전 동문으로 들어가는 우리가 되어야 할 것입니다.

제단 중심의 삶을 살아야 합니다.

계속해서 시편을 보면 이런 말씀이 있습니다.

> 여호와여 구하옵나니 이제 구원하소서 여호와여 우리가 구하옵나니 이제 형통하게 하소서 여호와의 이름으로 오는 자가 복이 있음이여 우리가 여호와의 집에서 너희를 축복하였도다 여호와는 하나님이시라 그가 우리에게 빛을 비추셨으니 밧줄로 절기 제물을 제단 뿔에 맬지어다 (시 118:25-27)

이 말씀은 제가 아주 좋아하고 많이 강조하는 말씀인데 이 말씀이 무슨 의미입니까? 구약 시대에 번제를 드릴 때 번제단에 고기를 올려놓습니다. 그러면 막 장작불이 이글이글 타올라서 고기가 튈 수 있습니다. 고기가 번제단 바깥으로 떨어져 버릴 수가 있습니다. 그러면 온전히 여호와께 드려지는 번제가 안 되는 것입니다. 하나님이 받으시지 않습니다.

그래서 만에 하나, 그럴 경우를 대비해서 제단 뿔 네 개에 철사줄로 고기를 매달아 놓습니다. 그래야 튀어도 바깥으로 떨어지는 것을 막을 수가 있습니다. 그러면 하나님이 그 제사를 받고 복을 주시는 것입니다.

제물과 마찬가지로 오늘 우리도 우리 자신의 삶을 언제나 제단 뿔에 매어놓고 하나님께 드려야 합니다. 모든 성도들에게 제단 뿔에 매이는 삶을 살라고 명령하고 있습니다. 왜냐하면 누구나 제단 중심의 삶을 살지 않으면 다 탈선할 수 있고 축복의 길에서 이탈할 수가 있기 때문입니다.

오늘 우리도 반드시 하나님의 제단에 와서 충성하며 복을 받아야 합니다. 반드시 승리와 축복을 경험해야 됩니다. 그런데 이상하게 사람이 그러다 보면 까불게 됩니다. 그런 가능성이 누구에게나 있습니다. 그래서 가끔 까불고 싶어서 제단 중심의 삶을 사는 것을 포기하기도 합니다. 그럴 때 하나님도 한 번씩 보응하십니다.

오늘 시편 기자는 제단 중심의 삶을 살아야 한다고 강조하고 있습니다. 제단 중심의 삶은 어떤 삶입니까? 무엇보다 예배 중심, 말씀 중심, 기도 중심의 삶을 의미합니다. 그러므로 우리는 예배를 우리 삶의 우선순위에 두어야 합니다. 말씀과 기도를 우선시하는 삶을 살아야 합니다. 우리는 하나님께 예배드리는 것을 우선순위로 삼아야 합니다. 말씀 묵상하고 기도하는 삶을 우선순위로 삼아야 합니다.

뿐만 아니라 제단 중심의 삶은 예수님 중심의 삶입니다. 교회 중심, 담임 목사 중심의 신앙생활을 말합니다. 주님을 중심으로 삼고 예배를 잘 드려야 합니다. 내가 중심이 되어서는 안 됩니다. 언제나 교회 중심으로 살아야 합니다. 우리가 섬기는 교회를 중심으로 신앙생활을 해야 합니다. 괜히 돈 좀 번다고 까불면 안 됩니다. 나를 앞세워 뿌리고 심으면 반드시 망하게 됩니다.

그리고 담임 목사 중심으로 신앙생활을 해야 됩니다. 돈 좀 벌었다고 다른 교회 목사나 선교사를 먼저 챙겨서는 안 됩니다. 더군다나 선교여행이라는 미명 아래 자기 공명심을 앞세워 몇천만 원씩 뿌리고 다녀서는 안 됩니다. 물론 그 본질 자체가 나쁜 것은 아닙니다. 선교지에 가서 지원하는 것은 좋습니다. 그런데 계속 그렇게 하면 반드시 백발백중 걸리게 되어 있습니다.

지난번 평양에 갔을 때 어떤 분이 저에게 이실직고를 했습니다. "목사님, 제가 어디 가서 얼마 했고 또 어디 가서는 얼마 했다고 하다가 잘못 걸려들었습니다." 그래서 제가 이렇게 말했습니다. "그 자체가 나쁜 건 아닙니다. 그런데 그렇게 하면 자기를 앞세우게 됩니다. 그러면 받은 축복 다 까먹게 됩니다. 축복에서 멀어지게 되는 것입니다. 앞으로는 담임 목사님을 앞세워서, 그리고 교회를 통해서 선교도 하셔야 합니다."

그러자 그가 "이제부터는 우리 교회 담임 목사님을 통해서 일하겠습니다"라고 말하였습니다. 진짜 그렇게 하면 담임 목사도 감동받아서 그 사람을 격려하고 칭찬하고 인정하지 않겠습니까?

일반적으로 바깥에 나가서 개인적으로 선교하면 이용당할 가능성이 있습니다. 그러나 담임 목사는 기도하며 끝까지 그 성도를 사랑합니다. 그러면 그 사람의 신앙이 아름답게 길들여지고 성숙하게 됩니다. 그래서 축복도 떠나지 않고 계속해서 축복이 올라가는 것입니다.

지성소 신자가 되어야 합니다.

우리는 언제나 지성소에 들어가는 신자가 되어야 합니다. 생명나무를 선택하며 살아야 합니다.

앞에서도 말씀드린 것처럼 신자에는 마당 신자, 성소 신자, 지성소 신자가 있습니다. 주로 마당 신자들이 선악과나무를 많이 선택합니다. 그래도 성소 신자들은 은혜를 압니다. 그런데 가끔 선악과를 선택하는 것이 문제입니다. 은혜를 받긴 받았지만 자기도 모르게 선악과를 선택한단 말입니다. 그러나 지성소 신자는 언제나 속죄소와 언약궤만 보이는 것입니다. 자신과 세상은 간 곳 없고 오직 구속한 주만 보입니다. 오직 생명나무만 보입니다.

지성소 신자는 언제나 생명나무를 선택하고 붙잡습니다. 그런 사람은 축복도 깊고 은혜도 깊습니다. 바람이 분다고 절대 가지가 흔들리지 않습니다. 가뭄이 들어도 우물이 마르지 않습니다. 언제나 깊은 샘물을 마시고 무르익은 생명나무 과실을 먹습니다. 언제나 생명과 은혜가 풍성하고 축복과 기적이 풍성한 것입니다.

우리는 성전의 동문으로 들어가는 것이 얼마나 큰 축복인지를 알아야 합니다. 에덴의 축복이 얼마나 아름다운지를 알아야 합니다. 성전 동문으로 들어가는 것이 얼마나 귀한지를 알아야 합니다. 우리 모두 성전 동문으로 들어가는 신자, 지성소 신자들이 되어야 합니다.

우편 성도가 되라

시편 121편 5-6절

이스라엘 백성들은 예루살렘이 좋은 쪽인 오른쪽에 있다고 생각했습니다. 그리고 갈릴리는 왼쪽에 있다고 생각했습니다. 예루살렘에 하나님의 성전이 있었기 때문입니다. 그뿐 아니라 영적으로도 시온 산의 예루살렘에서 하나님이 통치하시기 때문이었습니다. 하나님의 성전이 거기에 있었고, 거기는 항상 시온의 해가 떠오르는 곳이었기 때문입니다. 그러므로 그들은 시온 산을 오른쪽에 두고, 오른쪽에 있는 것으로 여기며 소중하게 생각한 것입니다. 그들은 또 하나님이 시온에 임재하셔서 예루살렘을 다스리시고 통치하시며, 또한 거기서 이스라엘을 도우시고 항상 이스라엘과 함께하신다고 생각했습니다.

하나님께서 우리에게 기대하시는 것이 있습니다. 그것은 바로 우리가 '우편 성도'가 되는 것입니다. '우편 성도'라는 말이 다소 생소하게 들릴 수도 있고 또한 앞으로 그 의미를 자세히 살펴보기도 하겠지만 우선은 글자 그대로 좌편, 즉 왼편에 있는 성도가 아닌 우편, 오른편에 있는 성도라는 말로 이해하시면 됩니다.

성경은 좌편과 우편을 비교적 확실하게 구분합니다. 우리는 이 개념을 물리적이고, 위치적인 좌우의 개념이 아닌 영적인 차원에서의 개념으로 이해해야 합니다. 더 나아가 우리는 이것을 하나님과 관련된 문제로 이해해야 합니다.

앞으로 살펴볼 내용은 성경이 이 '우편'을 어떻게 묘사하고 있는가와 밀접한 관련이 있습니다. 그리고 그것과 연결하여 우리가 하나님 앞에서 어느 편을 선택하며 살아야 하는가의 문제로 귀결됩니다. 왜냐하면 성경을 상고하면 우리 하나님은 좌편보다 우편을 더 사랑하시고 기뻐하시기 때문입니다.

앞으로 우리는 왜 하나님이 우편을 더 귀하게 여기시고 존중하시는지, 그리고 어떤 근거에서 우편을 더 소중하게 여기시며 사랑하시는지에 대해 살펴볼 것입니다. 오직 성경적인, 그리고 영적인 관점에 근거하여 살펴볼 예정입니다. 이 말씀을 통해서 우리 모두에게 하나님의 마음이 전달되기를 바랍니다.

우리는 사람들을 여러 가지로 분류할 수 있습니다. 성도들도 마찬가지입니다. 우리에게 다양한 분류의 틀이 있지만, 저는 일단 우편 성도와 좌편 성도로 구분하고자 합니다. 오늘 많은 사람들이 성도로 불리고 있고, 함께 모여 예배하고 말씀을 듣지만 그들 가운데 우편 성도가 있고 좌편 성도가 있습니다. 다시 말하면 우편을 사랑하는 성도가 있고, 좌편을 사랑하는 성도가 있다는 것입니다.

우편의 의미

우편은 먼저 '하나님 편'을 의미합니다. 그들은 하나님의 명령을 지키고, 하나님을 사랑하며, 하나님의 관점에서 살아가려는 자들입니다. 그들은 하나님의 말씀에 순종하고, 하나님께 영광 돌리는 것을 그들 인생의 최우선 목표로 생각하고 살아갑니다. 또한 세우신 주의 종을 돕고, 그들의 권면을 따르며 그들의 사역에 힘을 보태는 자들입니다.

우리 하나님은 오늘 우리 모두가 우편 성도가 되기를 원하십니다. 우편을 사랑하고, 존귀하게 여기는 성도가 되기를 원하십니다. 이것이 우리를 향한 궁극적인 하나님의 기대라고 할 수 있습니다.

고대 근동 아시아에서는 사람들이 동서남북을 생각할 때 동쪽이 앞쪽이라고 생각했습니다. 서쪽은 당연히 뒤쪽입니다. 그렇다면 오른쪽은 남쪽이고, 왼쪽은 북쪽이 됩니다. 이렇게 생각한 이

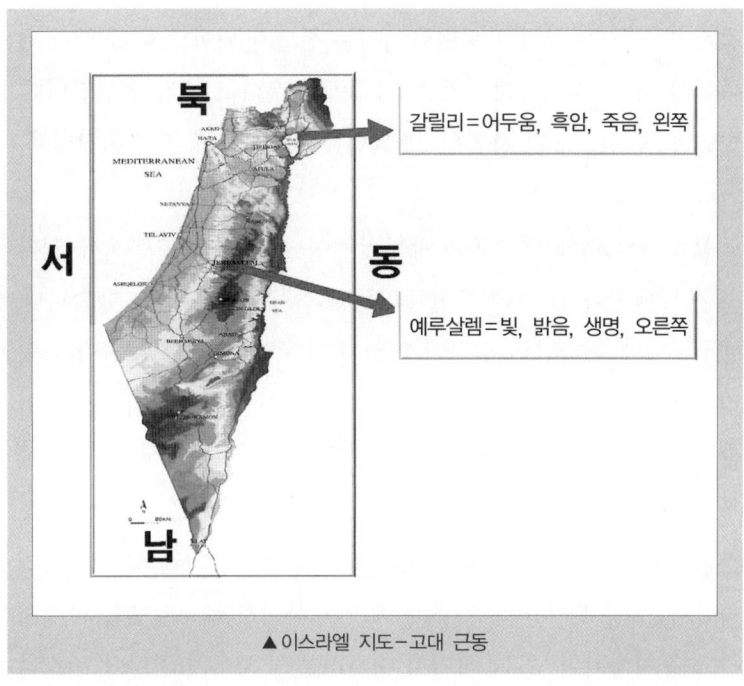

▲ 이스라엘 지도-고대 근동

유가 여러 가지 있겠지만 성전의 문이 동쪽을 향하고 있었다는 것도 하나의 이유가 될 수 있습니다. 하나님의 성전에서 이스라엘 백성들이 들어오는 것을 바라보는 방향이 앞이 됩니다. 아무튼 그들은 동쪽을 앞으로 생각했습니다. 그리고 나아가 오른편인 남쪽이 좋은 방향이라고 생각했습니다.

왜냐하면 모든 좋이 것이 다 오른쪽에서 나왔기 때문입니다. 빛도 처음에 동쪽에서 떠오릅니다. 그리고 거의 하루종일 남쪽에 머물고 남쪽에서 비춥니다. 해도 남쪽에 있을 때 가장 강렬하고 뜨겁지 않습니까? 그리고 북반구에서는 정오가 되어도 해가 약간 남쪽에서 비춥니다. 그래서 빛이 남쪽에서 온다고 생각한 것입니다. 빛이 남쪽에서 오면 자연히 그 그림자는 북쪽으로 드리워집니다.

특히 이스라엘 백성들은 예루살렘이 좋은 쪽인 오른쪽에 있다고 생각했습니다. 그리고 갈릴리는 왼쪽에 있다고 생각했습니다. 예루살렘에 하나님의 성전이 있었기 때문입니다. 그뿐 아니라 영적으로도 시온 산의 예루살렘에서 하나님이 통치하시기 때문이었습니다. 하나님의 성전이 거기에 있었고, 거기는 항상 시온의 해가 떠오르는 곳이었기 때문입니다. 그러므로 그들은 시온 산을 오른쪽에 두고, 오른쪽에 있는 것으로 여기며 소중하게 생각한 것입니다. 그들은 또 하나님이 시온에 임재하셔서 예루살렘을 다스리시고 통치하시며, 또한 거기서 이스라엘을 도우시고 항상 이스라엘과 함께하신다고 생각했습니다.

예루살렘은 언제나 은혜가 있고, 빛이 있고, 영광이 있는 곳이었습니다. 지형적으로나 정신적으로 그리고 영적으로 오른쪽이었던 것입니다. 그런데 갈릴리는 항상 왼쪽입니다. 그들은 갈릴리를 '흑암의 갈릴리' 라고 부르지 않았습니까? 그곳은 흑암의 갈릴리요, 그늘지고 소외된 촌락이었습니다. 또 이방인의 땅이었습니다.

스불론 땅과 납달리 땅과 요단 강 저편 해변 길과 이방의 갈릴리여 흑암에 앉은 백성이 큰 빛을 보았고 사망의 땅과 그늘에 앉

은 자들에게 빛이 비치었도다 하였느니라 (마 4:15-16)

그들은 갈릴리를 이방인의 땅이요, 흑암의 땅이요, 사망의 땅이요, 그늘진 땅이라고 말했습니다. 그와는 반대로 예루살렘은 빛의 도시요, 광명의 도시요, 은혜의 도시입니다.

온전히 아름다운 시온에서 하나님이 빛을 비추셨도다 (시 50:2)

예루살렘을 위하여 평안을 구하라 예루살렘을 사랑하는 자는 형통하리로다 (시 122:6)

여호와께서 시온에서 네게 복을 주실지어다 너는 평생에 예루살렘의 번영을 보며 네 자식의 자식을 볼지어다 이스라엘에게 평강이 있을지로다 (시 128:5-6)

헐몬의 이슬이 시온의 산들에 내림 같도다 거기서 여호와께서 복을 명령하셨나니 곧 영생이로다 (시 133:3)

특별히 이스라엘에서 볼 때 침략해 오는 나라는 거의 다 북쪽에 위치한 나라였습니다. 그래서 이스라엘은 북쪽을 왼쪽으로 생각하고 부정적으로 인식한 것입니다. 그들이 침략을 당할 때마다 왼쪽으로부터 침략을 당하고, 하나님은 언제나 오른쪽, 즉 우편에서 자기들을 도와주신다고 생각했습니다.

지금 우리가 처한 현실에도 그런 면이 있습니다. 우리나라도 이스라엘과 비슷한 지정학적 위치를 가지고 있지 않습니까? 일단 이스라엘이 그러했듯이 우리도 남북으로 나뉘어 있습니다. 일본을 빼 놓고는 지금까지 다 북쪽으로부터 침략을 받았습니다. 청나라가 되었건, 오랑캐가 되었건 다 북쪽입니다. 그리고 지금도 북쪽에서 우리를 위협하고 있습니다. 하여간 북한에서 지금도 핵실험을 하고 미사일을 쏘아 대고 있지 않습니까?

그러니 우리는 북쪽 하면 어떤 이미지가 떠오릅니까? 일단 좋지 않은 이미지가 떠오릅니다. 북쪽을 생각하면 좋은 이미지, 오른쪽의 이미지, 밝은 이미지가 떠오릅니까? 말도 안 됩니다. 벌써 북쪽 하면 왼쪽, 곧 좌파, 공산주의, 사회주의가 생각납니다. 어떻게 북쪽을 생각할 때 자본주의, 민주주의, 자유시장경제, 우파주의…… 이런 것이 떠오르겠습니까?

이것은 북한에서도 마찬가지일 것입니다. 남쪽을 생각하면 자본주의, 시장경제주의, 민주주의를 떠올릴 수밖에 없습니다. 우리 남한에도 좌파가 있고 우파가 있습니다. '좌파' 하면 진보주의, 사회주의, 북한과 가까운 친북주의가 생각 납니다. 그런데 '우파' 하면 그렇지 않습니다. 자유민주주의, 반핵, 반김, 시장경제……. 이런 것이 떠오르지 않습니까?

당시 이스라엘도 그랬습니다. 그들은 항상 오른쪽은 힘이나 명예나 빛이나 영광이 있는 곳으로 생각했습니다. 그리고 왼쪽은 약함이나 수치나 어둠이나 굴욕이 있는 장소로 생각했습니다. 이러한 사회 문화적 배경 속에서 성경이 기록된 것입니다.

성경 역시 오른쪽은 긍정적으로, 왼쪽은 부정적으로 기록되고 묘사되어 있습니다. 성경에서도 이스라엘 백성들이 생각한 것처럼 오른쪽은 힘이나 빛이나 영광의 방향이고, 왼쪽은 약함이나 어둠이나 굴욕의 방향입니다. 이스라엘의 언어인 히브리어도 오른쪽에서 왼쪽으로 쓰지 않습니까?

우리 하나님은 언제나 오른쪽의 하나님이 되십니다. 그리고 우편의 하나님이셨습니다. 언제나 하나님은 좌편에서 역사하시는 것이 아니라, 우리의 우편에서 역사하십니다. 언제나 오른쪽에서 힘을 주시고 도와주시는 하나님입니다. 그리고 하나님 편에서 볼 때도 오른쪽은 언제나 힘이고 영광이고 권능이었습니다. 반면에 좌편은 언제나 저주이고 어둠이고 경멸의 대상이었습니다.

 여호와는 너를 지키시는 이시라 여호와께서 네 오른쪽에서 네 그늘이 되시나니 (시 121:5)

 양은 그 오른편에 염소는 왼편에 두리라 (마 25:33)

📖　또 왼편에 있는 자들에게 이르시되 저주를 받은 자들아 나를 떠나 마귀와 그 사자들을 위하여 예비된 영원한 불에 들어가라 (마 25:41)

📖　나는 너희에게 이르노니 악한 자를 대적하지 말라 누구든지 네 오른편 뺨을 치거든 왼편도 돌려 대며 (마 5:39)

이렇게 하나님은 언제나 우편의 하나님이시고, 우편에서 우리를 도와주시는 분입니다. 뿐만 아니라 우편을 칭찬하시고 좋아하시는 하나님입니다. 하나님 편에서도 우편이라고 할 때는 언제나 영광과 권능과 힘을 나타냅니다.

📖　스데반이 성령 충만하여 하늘을 우러러 주목하여 하나님의 영광과 및 예수께서 하나님 우편에 서신 것을 보고 (행 7:55)

📖　이는 하나님의 영광의 광채시요 그 본체의 형상이시라 그의 능력의 말씀으로 만물을 붙드시며 죄를 정결하게 하는 일을 하시고 높은 곳에 계신 지극히 크신 이의 우편에 앉으셨느니라 (히 1:3)

📖　지금 우리가 하는 말의 요점은 이러한 대제사장이 우리에게 있다는 것이라 그는 하늘에서 지극히 크신 이의 보좌 우편에 앉으셨으니 (히 8:1)

그는 하늘에 오르사 하나님 우편에 계시니 천사들과 권세들과 능력들이 그에게 복종하느니라 (벧전 3:22)

예수님이 십자가에 죽으실 때 좌우편에 강도가 있지 않았습니까? 한 편 강도는 예수님을 안 믿고 조롱하다가 지옥에 갔지만, 다른 편 강도는 예수님을 믿고 예수님과 함께 낙원에 갔습니다. 성경에는 안 나와 있지만 여기서도 이스라엘 사람들은 성경의 전통과 이스라엘의 전승사상에 의해서 예수님을 조롱한 강도를 좌편 강도라고 여겼고, 당신의 나라에 임할 때 나를 기억해 달라며 주님을 믿었던 사람을 우편 강도라고 믿었습니다.

이처럼 성경에서는 좌우편이 아주 분명하게 대립되고 구분이 됩니다. 심지어는 왼손잡이, 오른손잡이까지 구분을 했습니다.

왜 그랬을까요? 구약 율법에 의하면 왼손잡이는 제사장이 될 수 없었습니다. 요즘말로 하면 주의 종이 될 수 없었습니다. 목사도 못 됩니다. 전도사도 될 수 없습니다. 심지어 장로도 못 됩니다. 그뿐 아니라 이 왼손잡이는 하나님의 성전에도 못 들어갔습니다. 고대 이스라엘 사람들은 일반적으로 왼손잡이를 하나의 지체불구자로 생각했기 때문입니다. 특수 장애인으로 생각했던 것입니다. 그래서 구약 시대에는 성전에 못 들어갔습니다.

왼손잡이뿐입니까? 왼발잡이도 마찬가지입니다. 사실 저도 원래는 왼발잡이였습니다. 지금도 축구를 할 때 왼발로 찰 수 있습니다. 그런데 저는 이 사실을 알고 그 후로 왼손과 왼발을 버렸습니다. 가급적 사용을 하지 않았습니다. 지금도 마찬가지입니다. 우편의 하나님 앞에 저도 철저하게 오른손잡이가 되려고 노력했습니다. 그래서 지금은 탁구도 오른손으로 치고 글씨도 오른손으로 씁니다.

특별히 구약 시대에는 귀머거리, 벙어리, 소경과 같은 지체불구자들은 성전에 못 들어갔습니다. 불결한 자도 성전에 못 들어갔습니다. 예를 든다면 피부병 환자, 문둥병 환자, 시체를 보거나 만진 자, 심지어는 생리 중에 있는 여자, 계속해서 하혈하고 있는 여자 등 이런 사람들은 다 성전에 들어갈 수 없었습니다. 불결한 자는 성전에 들어갈 수 없었습니다.

왜 이런 사람들이 성전에 못 들어갔습니까? 성전은 하나님이 계신 곳이기 때문입니다. 하나님은 어떤 분이십니까? 완전하신 하나님입니다. 거룩하신 분입니다. 정결하신 분입니다. 성전은 완전하신 하나님이 계시는 곳이기에 불완전하고 불결한 사람은 못 들어갑니다.

그런데 이러한 성전에 들어가지 못하는 자들 중의 하나가 바로 왼손잡이입니다. 그들도 불완전한 사람이고 온전치 못한 사람으로 간주되었습니다. 그래서 왼손잡이도 성전에 못 들어갔는데, 신약에 와서 이 문제가 해결되었습니다. 예수 그리스도께서 십자가에서 돌아가신 사건을 통해서 우리는 이런 것에서 해방된 것입니다. 그리고 이제는 그리스도를 구주로 믿는 모든 자가 다 들어오게 되었습니다. 얼마나 감사한 일입니까?

우리 예수님은 하나님 나라의 왕으로 오셨습니다. 하나님 나라의 왕으로 오셔서 제일 먼저 하신 일이 무엇이었습니까? 하나님 나라의 복음을 선포하는 일이었습니다.

이때부터 예수께서 비로소 전파하여 이르시되 회개하라 천국이 가까이 왔느니라 하시더라 (마 4:17)

그 다음에 하셨던 일이 치유 사역입니다. 즉, 병 고치는 사역입니다. 소경의 눈을 뜨게 하시고, 앉은뱅이를 일으켜 세우셨습니다. 뿐만 아니라 귀머거리를 듣게 하시고, 온갖 불구자와 각색 병든 자를 고치셨습니다.

예수께서 온 갈릴리에 두루 다니사 그들의 회당에서 가르치시며 천국 복음을 전파하시며 백성 중의 모든 병과 모든 약한 것을 고치시니 그의 소문이 온 수리아에 퍼진지라 사람들이 모든 앓는 자 곧 각종 병에 걸려서 고통 당하는 자, 귀신 들린 자, 간질하는 자, 중풍병자들을 데려오니 그들을 고치시더라 갈릴리와 데가볼리와 예루살렘과 유대와 요단 강 건너편에서 수많은 무리가 따르니라 (마 4:23-25)

예수님은 먼저 하나님 나라의 복음을 선포하시고, 각색 병자를 고치셨습니다. 예수님이 왜 이렇게 병을 고치셨을까요? 당신이 메시아임을 증명해 보이시려고요? 당신께서 이렇게 권능이 있고 능력이 있는 자라는 사실을 보여 주시려고요? 하나님의 나라는 말에 있지 않고 능력에 있다는 것을 보여 주시려고요? 물론 그런 면도 있습니다. 그것도 사실입니다.

예수님의 '우편' 사역

그래서 저는 주님께서 당시 환자들을 고쳐 주셨던 것처럼, 오늘 우리의 모든 질병을 고쳐 주시기를 바랍니다. 우리의 모든 육체의 질병, 영혼의 질병을 고쳐 주시기를 바랍니다. 영적인 앉은뱅이, 영적인 소경, 영적인 문둥병자, 영적인 귀머거리를 고쳐 주시기를 바랍니다. 하나님이 우리가 예배할 때에 우리의 눈을 열어 주시고 기적의 문을 열어 주시기를 바랍니다. 우리가 기도할 때 우리에게 '에바다'의 역사가 일어나기를 바랍니다.

그러나 그보다 중요한 것이 있습니다. 그것이 무엇입니까? 이런 병자들을 고쳐서 하나님의 성전에 들어갈 수 있게 만드는 것입니다. 그것이 예수님의 목표였습니다. 하나님 앞에서 불완전하고 거룩하지 못하고 불결한 자들을 다 온전하게 하고 깨끗하게 만들어서 하나님을 대면하게 하는 것입니다. 그것이 예수 그리스도의 일입니다.

지금까지는 불완전한 몸과 더러운 몸을 가지고 있는 사람들은 아웃사이더이고 마이너리그였습니다. 그들은 하나님의 성전에 들어갈 수 없었던 변방에 있던 사람들이었습니다. 그런데 예수님은 그들을 고치고 치유하셔서 하나님의 성전에 들어가게 하셨습니다. 하나님을 대면하게 하신 것입니다.

이렇게 병자를 고치고 하나님을 대면하게 한다는 말은 다른 말로 표현하면 좌편의 사람을 우편의 사람으로 바꾼다는 말입니다. 우리 주님이 좌편 성도를 우편 성도로 바꾸셨다는 것입니다. 이것이 예수님의 기본 사역이었습니다. 그리고 예수님이 십자가에서 죽으셨을 때 성전에서 어떤 일이 일어났습니까? 성소와 지성소를 가로막고 있었던 휘장이 찢어졌습니다.

> 예수께서 다시 크게 소리 지르시고 영혼이 떠나시니라 이에 성소 휘장이 위로부터 아래까지 찢어져 둘이 되고 땅이 진동하며 바위가 터지고 (마 27:50-51)

성전에는 지성소와 성소를 구분하는 휘장이 있었습니다. 대제사장은 이 휘장을 열고 일 년에 한 번씩 속죄의 피를 가지고 지성소에 들어갔습니다. 이 휘장은 정말 거룩한 것이었습니다. 그리고 이 휘장은 말 열두 마리가 양쪽에서 잡아 당겨도 안 찢어지는 견고한 세마포 휘장이었습니다.

그런데 예수님이 십자가에서 죽으실 때 그 휘장이 저절로 위에서 아래까지 찢어졌습니다. 이것이 무슨 뜻입니까? 바로 하나님과 인간 사이에 있었던 담이 허물어졌다는 것입니다. 죄악으로 가로막혀 있었던 막힌 담이었습니다. 예수님 때문에 모든 죄가 용서되고, 하나님과 우리의 관계가 회복되었다는 것입니다. 그래서 언제든지 하나님의 보좌 앞에 나아갈 수 있게 된 것을 실제적으로 보여주는 것입니다.

지성소를 가로막고 있던 휘장이 찢어져서 이제는 누구든지 하나님과 대면할 수 있게 되었습니다. 예수님의 피만 통과하고 그분의 십자가만 앞세우고 나아가면 다 하나님 앞에 설 수 있습니다. 그래서 왼손잡이도 하나님께 나오고 소경도 나오고 귀머거리, 앉은뱅이도 나옵니다. 그러니까 신약시대에는 장애인들도 휠체어를 타고 하나님 앞에 나오지 않습니까? 다 하나님께 나오는 것입니다. 어떻게 나옵니까? 십자가를 앞세우고, 보혈을 앞세우고 나오는 것입니다.

참으로 감사한 일이 아닐 수 없습니다. 얼마나 하나님께 찬양하고 경배할 일입니까? 우리도 좌편이었습니다. 그런데 우편으로 바꾸어 주셨습니다. 우리 예수님은 좌편에 있었던 사람들을 전부 우편으로 옮겨 주셨습니다. 우편 성도가 되게 하셔서 언제나 은혜의 보좌 앞에 나아가 하나님을 대면하고 경배하며 찬양하게 하셨습니다.

> 그러므로 우리는 긍휼하심을 받고 때를 따라 돕는 은혜를 얻기 위하여 은혜의 보좌 앞에 담대히 나아갈 것이니라 (히 4:16)

그러나 이렇게 우리가 원리상으로 다 우편 성도가 되었지만 실질적으로는 좌편 짓을 할 때가 종종 있습니다. 아직도 좌편에 서 있는 성도가 너무 많습니다. 하나님이 우리를 고쳐 주시고, 예수님이 우편 성도로 만들어 주셨는데 여전히 좌편 짓을 하는 성도들이 많다는 것입니다.

교회의 '우편' 사역

지금 우리 한국교회에 왜 이렇게 문제가 많습니까? 왜 이렇게 교회가 시끄럽습니까? 왜 자꾸 교회들이 분쟁에 휩싸이고 좌충우돌하는 모습을 세상 사람들에게 보입니까? 이유가 무엇입니까? 우리 성도들 중에 좌편 성도들이 있기 때문입니다. 좌편을 지향하는 자들이 있고, 그러한 교회들이 있기에 문제가 생기는 것입니다. 이 문제를 해결하는 방법이 있습니다. 그것은 한국교회가 우편이 되는 것입니다. 모든 성도들이 우편 성도가 되면 문제가 없어집니다.

우리 대한민국도 마찬가지 아닙니까? 극좌파들이 너무 들끓으니까 대한민국의 정체성이 흐려지고 문제가 생기는 것입니다. 좌파가 극성을 부리니까 우리 대한민국에 남남 갈등이 생기는 것이 아닙니까? 물론 약간의 진보사상은 괜찮습니다. 저도 일정 부분

진보적인 마인드를 가지고 있습니다. 그러나 극좌파는 안 됩니다. 체제 전복을 꾀하고, 우리의 정체성을 무너뜨리려는 좌익세력은 배척되어야 합니다. 용납되어선 안 됩니다. 극좌파 세력들은 우리 자유민주주의 시장경제 체제에서 절대로 용납되어선 안 됩니다.

교회 안에서도 마찬가지입니다. 교회 안에도 좌파 성도, 왼쪽 성도들이 많으면 교회가 어려움을 겪습니다. 그리고 세상에 온갖 추태를 보이게 됩니다. 교회가 혼돈에 휩싸이고 분란을 겪게 됩니다. 그것은 하나님께 영광을 돌리는 것이 아니라 하나님을 모욕하는 것입니다. 그 거룩한 이름에 영광을 돌리는 성도들이 되어야지 그 이름에 먹칠하는 자들이 되어서는 안 됩니다.

오늘 우리를 향한 하나님의 기대는 확실합니다. 바로 우리 모두가 하나님 앞에 우편 성도가 되는 것입니다. 우편 교인이 되는 것입니다. 우편 교회가 되는 것입니다.

우리 모두 우편 성도가 되어야 합니다. 실제적으로 우편 성도로 존재하고, 우파 신앙을 가져야 합니다. 그것이 우리가 살길이고, 한국교회가 살길입니다. 좌편 신앙에는 희망이 없습니다. 거기에는 하나님의 복이 임하지 않습니다. 하나님은 우편에 거하시고, 우편에 은혜와 복을 주시는 분입니다.

그러면 오늘날 좌편 성도와 우편 성도는 어떻게 구별될까요? 성경적 교훈으로 볼 때 이런 좌편 성도와 우편 성도는 어떤 차이를 보일까요?

좌편 성도는 언제나 사람 편이고 자기 중심적이지만, 우편 성도는 언제나 하나님 편이고 하나님 중심적입니다.

우리 가운데 지나치게 신앙이 인간적인 사람이 있습니다. 그리고 자기 중심적인 사람이 있습니다. 이런 사람은 먼저 하나님을 생각하는 것이 아니라 사람부터 생각합니다. 이런 사람에게 주일 성수나 하나님을 기쁘시게 하는 행위는 별로 중요하지 않습니다.

이들은 하나님의 일을 중요하게 생각하지 않습니다. 정말 하나님 앞에 어떻게 하면 더 많이 드리고 섬길 것인가, 어떻게 하면 하나님께 영광을 돌릴까 하는 것은 뒷전입니다. 그들의 삶의 중심에는 언제나 자기가 있습니다. 항상 사람의 일을 생각하고 관심을 가집니다. 하나님을 위한 생각은 하지 않고 주일에 예식장은 잘 찾아다니고, 경조사는 잘 챙깁니다.

주일에는 하나님 앞에 와서 예배드려야 합니다. 그것이 성도의 최고의 영광입니다. 하나님께 드리는 예배보다 예식장이 중요하고 장례식장이 중요합니까? 우편 성도는 하나님 앞에 나아와 말씀 듣는 것을 최고의 축복으로 여깁니다. 말씀을 듣고 은혜 받고 예배하는 것이 최고의 영광입니다.

인간의 모임은 다 뒤로 미뤄져야 합니다. 갈 일이 있으면 다른 사람들을 보내면 됩니다. 그리고 요즘 사람들은 찾아오는 것을 별로 안 좋아합니다. 돈 5만 원 가지고 가서 호텔 예식장에서 밥까지 먹으면 안 좋아합니다. 차라리 안 오고 돈 10만 원 보내면 더 좋아합니다.

왼쪽 성도들은 하나님은 뒷전으로 하고 사람의 종으로 살아갑니다. 사람의 체면과 관계 때문에 사람의 종으로 살아가는 사람입니다. 이것이 좌편 성도입니다.

그러나 우편 성도는 먼저 하나님을 생각합니다. 하나님이 우선입니다. 예배가 우선이고 주일성수가 우선입니다. 그래서 어떻게 하면 하나님께 영광을 돌릴 것인가, 여기에 우선순위를 둡니다. 하나님의 명령이면 사람 체면이고 뭐고 다 필요없습니다.

북왕국 이스라엘을 아합 왕이 통치할 때 나라가 완전히 우상 나라가 되어버리고 말았습니다. 바알과 아세라를 섬기게 하고, 그렇게 하지 않으면 완전히 바보 취급을 당하게 만들었습니다. 아합과 이세벨이 그렇게 만들었습니다. 그런데 그 가운데도 엘리야를 비롯하여 바알에게 무릎 꿇지 않은 7천 명이 목숨을 걸고 하나님을 섬겼습니다. 토굴 속에 들어가서 하나님을 섬겼습니다. 이런 사람이 바로 우편 성도입니다.

출애굽기에 나오는 금송아지 사건을 기억하실 것입니다. 금송아지 사건 때문에 모세가 십계명 돌판을 깨뜨려 버렸습니다. 그리고 모세가 내려와서 이제라도 여호와의 편에 속하고 싶은 사람은 다 자기 앞에 서라고 했습니다. 그랬더니 다른 지파는 오지 않고 레위 지파만 왔습니다.

> 이에 모세가 진 문에 서서 이르되 누구든지 여호와의 편에 있는 자는 내게로 나아오라 하매 레위 자손이 다 모여 그에게로 가는지라 (출 32:26)

그러자 모세가 레위 지파에게 어떤 놈이든 간에 금송아지를 만드는 데 앞장섰던 주동자들은 다 죽이라고 합니다. 허리에 칼을 차고 다니면서 목을 따든지, 배를 찔러서 죽이든지 다 죽여 버리라고 했습니다. 그놈들이 너희 친척이 되었든지, 친구가 되었든지 심지어는 형제라도 죽여 버리라고 했습니다.

생각해 보십시오. 아무리 그래도 어떻게 사람을 죽일 수가 있습니까? 모르는 사람도 아니고 형제나 친척이나 이웃이나 친구들을 어떻게 그렇게 죽일 수 있습니까? "하나님, 도저히 못 하겠습니다. 어떻게 친구와 형제와 친척을 죽입니까?" 그래도 그들은 하나님의 명령이니까 다 죽여 버렸습니다.

 모세가 그들에게 이르되 이스라엘의 하나님 여호와께서 이렇게 말씀하시기를 너희는 각각 허리에 칼을 차고 진 이 문에서 저 문까지 왕래하며 각 사람이 그 형제를, 각 사람이 자기의 친구를, 각 사람이 자기의 이웃을 죽이라 하셨느니라 레위 자손이 모세의 말대로 행하매 이 날에 백성 중에 삼천 명 가량이 죽임을 당하니라 (출 32:27-28)

그러자 하나님께서 뭐라고 칭찬한 줄 아십니까? "너희가 심지어는 자기 친척과 자기 형제와 아들까지 죽였으니 이것이 오늘날 너희가 여호와께 헌신하는 것이 되었다"고 하십니다. 이것이 오늘날 하나님 앞에 너희의 헌신이 되었다는 말입니다. 다시 말하면 하나님께서 너희에게 복을 줄 것이라고 말씀하시는 것입니다.

모세가 이르되 각 사람이 자기의 아들과 자기의 형제를 쳤으니 오늘 여호와께 헌신하게 되었느니라 그가 오늘 너희에게 복을 내리시리라 (출 32:29)

레위 지파의 이런 모습은 무엇입니까? 하나님의 우편 성도가 되는 모습입니다. 이것이 하나님 앞에 우편이고 진정한 헌신이고 하나님의 일을 했다는 말이 아닙니까? 왜 그렇습니까? 그들이 인간적인 체면이나 인정이나 관계를 중요시한 것이 아니라 먼저 하나님을 중요시했다는 말입니다. 그러니까 죽임 당했던 사람들은 다 좌편에 있었던 사람입니다. 하나님의 명령에 따라 우편에 있던 사람들이 그들을 다 죽인 것입니다.

이것은 무엇을 교훈합니까? 체면이나 관계보다 더 중요한 것이 하나님의 명령이라는 것입니다. 하나님이 명령하시면 체면이나 예절 따위는 필요없습니다. 그러니까 우편 성도들은 영원히 하나님의 면전에서 살면서, 기업도 없고 분깃도 없지만 여호와 하나님이 기업이 되셔서 여호와의 화제물과 하나님이 주신 기업으로 살아갑니다.

그러므로 레위는 그의 형제 중에 분깃이 없으며 기업이 없고 네 하나님 여호와께서 그에게 말씀하심 같이 여호와가 그의 기업이시니라 (신 10:9)

레위 사람 제사장과 레위의 온 지파는 이스라엘 중에 분깃도 없고 기업도 없을지니 그들은 여호와의 화제물과 그 기업을 먹을 것이라 (신 18:1)

이 말씀의 교훈은 우리가 우편을 선택하고 우편 신자가 되면 하나님이 우리에게 우편의 영광과 축복으로 보상해 주신다는 것입니다. 하나님이 기업이 되시고 나의 우편이 되신다는 말씀입니다.

그러므로 이제부터 우리는 하나님 앞에 좌편 성도가 되지 않고 우편 성도가 되어야 합니다. 사람 편이 되지 않고 하나님 편이 되어야 합니다. 사람 중심이 아니라 하나님 중심이 되어야 하는 것입니다.

> 이제 내가 사람들에게 좋게 하랴 하나님께 좋게 하랴 사람들에게 기쁨을 구하랴 내가 지금까지 사람들의 기쁨을 구하였다면 그리스도의 종이 아니니라 (갈 1:10)

> 베드로와 사도들이 대답하여 이르되 사람보다 하나님께 순종하는 것이 마땅하니라 (행 5:29)

좌편 성도는 언제나 어두움이고 안티 그룹을 형성하지만, 우편 성도는 언제나 빛이고 주류에 서 있습니다.

좌편 성도는 항상 어두움 속에 살아갑니다. 꼭 뒷소리를 잘합니다. 왜냐하면 선악과를 선택하기 때문입니다. 자기들끼리 모여서 수군거리고, 또 가끔 한 번씩 미친 짓을 합니다. 망령이 들어서 꼭 꼴값을 떱니다. 그들은 주제 파악도 못하면서 자기 눈의 들보는 발견하지 못하고 날마다 남의 눈 속에 있는 티나 찾아내고 "이건 아니잖아! 이건 아니잖아!" 이러고 있습니다.

그리고 유유상종이라는 말처럼 그들끼리 모여서 안티 그룹을 형성합니다. 목사에 대한 안티 그룹을 형성하고 교회에 대한 안티 그룹을 형성합니다. 날마다 안티 라인에 서서 불평하고 원망하고 선악과를 땁니다. 교회가 이래서는 안 되고, 목사가 이래서는 안 되고, 여름수련회에 와서 시설도 별로 안 좋고, 방도 안 좋고, 너무 덥고…… 꼭 끼리끼리 모여서 불평합니다. 그들은 항상 이렇게 불평 불만의 대장들입니다. 그런 사람들이 모여서 놀며 안티 그룹을 형성합니다. 좌편 성도들이 그런단 말입니다.

그러나 우편 성도는 항상 빛 가운데 거합니다. 숨어서 불평할 하등의 이유가 없습니다. 언제나 밝은 곳에서 주님을 찬양하고 주님께 감사합니다. 항상 좋은 말만 하고 사람들에게 좋은 영향력만 끼칩니다. 그리고 항상 나를 통해서 은혜와 축복이 흘러가게 합니다.

언제나 생명나무만 선택하니까 은혜 받는 데 주력하고 말씀 듣는 데 주력합니다. 언제나 기도하고 찬양하는 데 주력합니다. 언제나 성령의 감동에 순종하고 따릅니다. 주님을 기쁘시게 하고 늘 헌신합니다. 그리고 시간시간마다 봉사하기에 힘씁니다. 이런 사람들은 안티 그룹을 조성할 필요도 없습니다. 언제나 찬양 그룹을 조성합니다. 감사 그룹을 조성합니다. 아멘 그룹을 조성합니다.

이런 사람은 언제 어디서나 주류가 되고 주도적인 역할을 합니다. "우리가 더 하나님을 사랑합시다. 감사합시다. 불편해도 우리가 생명나무를 선택하고 은혜를 받읍시다. 더 감사하고 더 헌신합시다!" 이렇게 항상 긍정적이고 좋은 쪽의 이야기만 합니다. 목사님에 대해서도, 교회에 대해서도, 하나님에 대해서도 항상 긍정적이고 밝은 이야기만 합니다. 그리고 언제나 목사의 목회를 도와줍니다. 목사를 지지해 주고 목회를 지지해 줍니다.

좌편 성도는 항상 제동을 걸고, 불평하고, 원망하고, 브레이크나 걸고 대적하지만, 우편 성도는 그렇지 않습니다. 그냥 지지해 주고, 교회 편이 되어 주고, 하나님 편이 되고, 목사 편이 되어 줍니다. 이런 사람은 절대로 사탄의 편에 서서 일하지 않습니다.

이런 말이 있습니다. 어느 선생님의 제자들이 모여서 선생님을 축하하는 모임을 가졌습니다. 그런데 사회자가 "선생님의 회갑을 축하합니다!"라는 말을 해야 하는 데 그 말이 생각나지 않았습니다. 살다 보면 그럴 수가 있습니다. 그래서 뭐라고 했는지 아십니까? "선생님의 육갑을 축하드립니다."

우리는 예수님을 믿으면서 육갑을 떤 적은 없는지, 교회 안에서 꼴값을 떤 적은 없는지 살펴보아야 합니다.

좌편 성도는 언제나 수치와 굴욕밖에 없지만, 우편 성도에게는 언제나 명예와 영광이 가득합니다.

왜 그럴까요? 좌편은 하나님을 대적하는 방향입니다. 그래서 저주를 받을 수밖에 없습니다. 수치와 책망과 저주밖에 없습니다. 그러니까 굴욕이지요. 그러나 우편에게는 언제나 영광과 칭찬과 축복이 있습니다.

 그때에 임금이 그 오른편에 있는 자들에게 이르시되 내 아

버지께 복 받을 자들이여 나아와 창세로부터 너희를 위하여 예비된 나라를 상속받으라 (마 25:34)

또 왼편에 있는 자들에게 이르시되 저주를 받은 자들아 나를 떠나 마귀와 그 사자들을 위하여 예비된 영원한 불에 들어가라 (마 25:41)

오늘날 우리 교회 안에서 좌편에 있는 성도는 항상 수치와 굴욕을 당합니다. 그래서 변명하기 바쁘고 야단맞기 바쁘고 얻어맞기 바쁩니다. 이 사람은 항상 수치스럽고 창피합니다. 그 뿐만 아니라 좌편 성도는 항상 되는 일도 없습니다. 지지리도 일이 안 됩니다. 아무리 복을 받으려고 해도 하나님이 복을 주시지 않습니다.

그러나 우편 성도는 언제나 인정받고 칭찬 받습니다. 명예와 영광이 가득합니다. 주님이 인정하고 목사가 인정하고 교인들이 인정해 줍니다. 뿐만 아니라 우편 성도에게는 항상 영적인 만사형통이 따릅니다. 주님이 복을 물 붓듯이 부어 주십니다. 하는 일마다 결국에는 다 잘됩니다. 어디를 가든지 하나님의 축복이 따라 다닙니다. 그리고 다른 사람들에게 그 축복이 흘러갑니다. 축복을 전달하는 것입니다. 저도 우편이 되니까 이렇게 복을 주시지 않았습니까?

그러므로 언제나 우편 성도가 되면 사람들 앞에서 하나님의 축복의 모델이 되고, 축복의 증표가 됩니다. 우리는 좌편 성도입니까? 우편 성도입니까? 우리 모두 우편 성도가 되어야 합니다. 우편 신앙을 가져야 합니다.

그런데 여기서 좌편과 우편은 개념적인 것을 말하는 것이지 장소적이고 방향적인 것을 말하는 것이 아닙니다. 그런 식으로 말하면 전부 우편에만 앉으려고 하겠지요. 좌편과 우편은 개념적인 의미로 보아야지 방향적으로 보면 안 됩니다.

우리는 개념적인 우편 성도가 되어서 은혜 받아야 합니다. 신앙적인 우편 성도가 되어서 큰 은혜를 받아야 합니다. 영적인 우편 성도가 되어서 큰 축복을 받아야 합니다. 하나님께서 주시는 우편의 은혜, 우편의 기적을 더 많이 받는 우리가 되어야 하겠습니다.

 하나님의 기대 ❸

양 같은 성도가 되라

마태복음 25장 31-33절

어린양에는 깨끗함과 순결함의 이미지가 있습니다. 이것은 짐승으로서의 사나움과 야수적인 면과 대조되는 것입니다. 하얀 색의 어린양은 죄가 없고 순결하고 깨끗한 이미지를 갖고 있습니다. 그래서 메시아를 어린양으로 표현한 것입니다. 또한 양에게는 책임의식과 보호본능이 있습니다. 그래서 한 마리의 숫양이 오십 마리의 암컷을 보호한다고 하지 않습니까? 목숨을 걸고 보호합니다. 피투성이가 되기까지 싸우며 암놈을 보호합니다. 그래서 자기 가족을 위해 목숨을 버리면서까지 전투하는 보호본능을 가지고 있는 이 양을 예수님의 이미지, 메시아의 이미지로 사용하는 것입니다. 깨끗함과 전투적인 이미지와 순결함과 보호본능 이미지를 함께 쓴 것입니다.

하나님은 우리에게 기대하시는 것이 있습니다. 그것은 염소 같은 성도가 되지 말고, 양 같은 성도가 되라는 것입니다. 하나님은 우리 모두 염소가 아니라 양이 되기를 원하십니다. 우리가 염소의 기질을 버리고 양의 신앙을 가지기를 원하십니다.

양과 염소의 차이

양과 염소는 언뜻 보면 비슷합니다. 그러나 그 성질이나 속성은 엄청나게 다릅니다. 그래서 성경은 양과 염소를 비슷하게 취급할 때도 있지만, 확연하게 구분할 때도 많습니다.

이것은 고대 근동의 목자들에게 있어서도 마찬가지였습니다. 고대 근동지역에서 목자들은 양과 염소를 한 데 섞어놓곤 했습니다. 그 지역에 양을 치는 양치기 개가 없을 경우에 특히 그러했습니다. 그러므로 목자들은 양을 잘 통솔하기 위해 염소를 양무리 가운데 섞어 놓는 방법을 썼습니다. 왜냐하면 양들에게는 한 가지 약점이 있었는데 그것은 양들이 시력이 약해서 멀리 보지 못하는 것입니다. 그래서 위험한 곳이나 높은 곳에는 스스로의 힘으로 가기 쉽지 않았습니다. 그러니까 양 무리 가운데 염소를 삼분의 일 정도 섞어 놓으면 대낮에는 양들이 염소를 잘 따라갑니다.

염소는 굉장히 높은 곳을 좋아하고 험한 길도 무리 없이 잘 갑니다. 염소가 험한 길을 가고 높은 곳을 가도 양들은 잘 따라갑니다. 그래서 목자들은 염소와 양을 낮에 함께 섞어 놓는 것입니다. 그러나 저녁이 되면 반드시 양과 염소를 분리해 놓습니다. 왜냐하면 양과 염소는 같은 종류의 짐승이 아니기 때문입니다. 그러니까 양과 염소가 서로 교미를 해서 다른 종을 생산하지 못하도록 떼어 놓는 것입니다.

하나님의 율법은 절대로 양과 염소가 교배하지 못하도록 금지했습니다. 그래서 새로운 종을 생산하지 못하도록 한 것입니다. 혹시라도 양과 염소가 교배를 해서 양과 염소 중간의 짐승이 태어나면 그것은 목자에게 있어서 큰 수치요 굴욕이었습니다. 이스라엘 사람들은 그렇게 생각했습니다.

특별히 고대 근동에서는 염소가 수치스럽고 불명예스러운 짐승이었습니다. 왼쪽에 속하는 짐승이었습니다. 그러나 양은 반대로 명예롭고 존귀한 가축이었습니다. 바로 오른쪽에 속하는 짐승으로 여겨졌습니다.

이유가 있습니다. 숫염소는 암염소를 차지하기 위해 다른 숫염소와 싸웁니다. 모든 수컷들의 특징이 그렇지 않습니까? 그런데 그 힘센 숫염소가 암염소를 차지한 다음에는 그냥 놔둬 버립니다. 자기한테 진 염소에게 맡겨버리는 것입니다. 자기가 그 암염소를 차지한 다음에 자기보다 힘이 덜 센 염소가 그 암염소를 차지해도 아무런 제재를 하지 않습니다. "내가 먼저 차지했으니까 나는 상관하지 않겠다"는 것입니다.

고대 근동에서는 염소를 수치스런 남편에 비유했습니다. 적어도 남자는 자기 여자를 끝까지 보호하고 방어할 수 있어야 합니다. 자기가 한 암컷을 차지했으면 그 암컷을 끝까지 보호하고 지켜 주어야 합니다. 그런데 숫염소는 암컷을 차지한 후에는 아무렇게나 방치해 버립니다. 그래서 고대 근동의 목동들에게 있어서 염소는 수치스런 남편에 비유되고, 굴욕과 죄의 상징으로 여겨졌습니다.

고대 근동의 가족 형태

이러한 이해가 형성된 데에는 당시의 가족문화도 기여를 했습니다. 당시는 가족공동체 사회였습니다. 우리처럼 가족이 서너 명, 혹은 너댓 명으로 이루어진 것이 아니라 대가족으로 이루어졌습니다. 그 당시에는 가족이 아무리 핵가족이라 하더라도 수십 명이고, 그렇지 않으면 수백 명이었습니다.

그때 가장은 절대적인 위치에 있었습니다. 그 가족 안에서만큼은 가장의 말을 무조건 들어야 했습니다. 절대 순종입니다. 그 대신에 가장은 가정을 보호하고 모든 가족을 부양하고 책임져야 할 의무를 가졌습니다. 목숨을 걸고 그 가족을 지키고 책임을 져야 했습니다. 모든 가족을 먹여 살려야 할 책임이 있었고, 또 외

부의 적으로부터 반드시 가족을 보호하고 지켜야 할 의무를 가졌습니다.

이런 가족공동체의 삶에 비추어 볼 때 염소는 당연히 수치스러운 짐승으로 여겨질 수밖에 없었습니다. 그래서 염소는 제 식구나 제 여자를 책임지지 않는 수치와 불명예스러운 사람으로 비유되었던 것입니다.

반대로 양은 자기가 암컷을 한 번 차지했으면 끝까지 암컷을 보호합니다. 그리고 그 새끼까지 보호합니다. 목숨을 걸고 자기 가족을 지키고 보호합니다. 자기가 그 암놈을 차지했으면 어떤 놈도 얼씬거리지 못하게 만듭니다. 심지어 한 마리의 숫양이 암놈을 몇 마리까지 차지하고 보호하는 줄 아십니까? 50마리까지 보호한다고 합니다. 그리고 이 숫양은 암컷 뿐만 아니라 그 모든 새끼들까지 지켜주고 보호해 줍니다.

그래서 이 양은 이스라엘에서 아주 명예로운 존재의 상징이 되었습니다. 염소가 수치의 상징이었다면, 양은 명예요, 힘있는 지도자의 모습으로 여겨졌습니다. 활력과 힘, 그리고 열정의 상징이 된 것입니다. 그래서 성경에서도 양은 아주 명예롭고 순결한 이미지로 사용되고, 염소는 수치와 불명예스러운 이미지로 사용되었습니다.

메시아 상징이었던 양

특별히 양은 메시아의 상징이요, 모형으로 쓰이지 않았습니까? 물론 염소도 특별한 경우에 메시아의 모습이나 상징적 표현으로 쓰였습니다. 그러나 양은 언제나 메시아의 명예롭게 승리하는 모습이나 영광스러운 이미지로 표현되었습니다.

> 이튿날 요한이 예수께서 자기에게 나아오심을 보고 이르되 보라 세상 죄를 지고 가는 하나님의 어린 양이로다 (요 1:29)

> 이는 보좌 가운데에 계신 어린 양이 그들의 목자가 되사 생명수 샘으로 인도하시고 하나님께서 그들의 눈에서 모든 눈물을 씻어 주실 것임이라 (계 7:17)

> 그들이 어린 양과 더불어 싸우려니와 어린 양은 만주의 주시요 만왕의 왕이시므로 그들을 이기실 터이요 또 그와 함께 있는 자들 곧 부르심을 받고 택하심을 받은 진실한 자들도 이기리로다 (계 17:14)

메시아는 전부 어린 양으로 표현되어 있습니다. 이때의 메시아는 명예롭고 영광스럽고 승리하는 모습으로 나타납니다.

어린 양이 어떻게 마귀와 싸워서 이기겠습니까? 힘으로는 안 됩니다. 대신 어린 양에게는 깨끗함과 순결함의 이미지가 있습니다. 이것은 짐승의 사나움과 야수적인 면과는 대조되는 것입니다. 어린 양은 색깔이 하얀 짐승으로서 죄가 없는 순결한 이미지를 가지고 있습니다. 어린 양이 강해서 그런 것이 아닙니다. 하얀 색의 어린 양은 정말 죄가 없고 순결하고 깨끗한 이미지를 갖고 있습니다. 그래서 메시아를 어린 양으로 표현한 것입니다.

또한 양에게는 책임의식과 보호본능이 있습니다. 한 마리의 숫양이 오십 마리의 암컷을 보호한다고 하지 않습니까? 목숨을 걸고 보호합니다. 피투성이가 되기까지 싸우며 자기 암놈을 보호합니다. 그래서 자기 가족을 위해 목숨을 버리면서까지 전투하는 보호본능을 가지고 있는 이 양을 예수님의 이미지, 메시아의 이미지로 사용하는 것입니다. 그것이 적절하다는 말입니다. 깨끗함과 전투적인 이미지와 순결함과 보호본능 이미지를 함께 쓴 것입니다.

그래서 예수님께서 어린 양 같은 모습으로 오셔서 십자가에서 죽으신 것이 아닙니까? 그렇게 해서 사탄을 박살내고 이긴 것입니다. 그러므로 예수님은 우리 메시아로서 완벽한 승리자요 보호자입니다. 이렇게 볼 때 이 어린 양이라는 말이 메시아를 표현하는 데 완벽하다고 볼 수 있는 것입니다. 손색이 없다고 할 수 있습니다. 그래서 우리가 어린 양 되신 주님을 찬양하는 것이 아닙니까?

뿐만 아니라 양은 하나님 앞에 제물이 될 때에도 항상 깨끗한 제물이었습니다. 양은 흠과 티가 없는 제물이었습니다. 그러나 반면에 염소는 항상 수치스럽고 불명예스러웠습니다. 특별한 경우에 염소가 메시아를 상징했다 하더라도 이 염소는 항상 수치스럽고 버림 받은 이미지로 사용된 것입니다.

두 마리의 수치스런 염소

레위기 16장을 보면 두 마리 염소가 소개되고 있습니다.

> 또 그 두 염소를 가지고 회막 문 여호와 앞에 두고 두 염소를 위하여 제비 뽑되 한 제비는 여호와를 위하고 한 제비는 아사셀을 위하여 할지며 아론은 여호와를 위하여 제비 뽑은 염소를 속죄제로 드리고 아사셀을 위하여 제비 뽑은 염소는 산 채로 여호와 앞에 두었다가 그것으로 속죄하고 아사셀을 위하여 광야로 보낼지니라 (레 16:7-10)

여기 보면, 유월절에 대제사장은 두 염소를 취합니다. 한 마리는 잡아서 제단에 속죄제로 드립니다. 이것은 신약에서 예수님이 십자가에서 죽으실 것을 의미합니다. 그러면 왜 죽임 당하는 예수님을 염소로 표현했겠습니까? 예수님의 십자가가 그만큼 치욕적이고 수치스럽다는 것을 말합니다. 예수님이 십자가에서 죽으실 때 얼마나 수치스럽고 굴욕적이었습니까?

또 다른 한 마리의 염소는 광야로 보냅니다. 이스라엘의 '미쉬나'를 보면 염소를 광야로 보낼 때에 그냥 보내지 않고 염소 뿔에 붉은 끈을 묶어 보냈다고 되어 있습니다. 그런데 그 붉은 끈의 절반을 잘라서 성전에 매달아 두었답니다. 그러면 광야에는 물도 없고 먹을 것도 없으니까 염소 혼자 다니다가 죽게 되겠죠.

그런데 이스라엘의 구전인 '미쉬나'에 의하면 이때 염소가 죽으면 성전에 매어 놓았던 붉은 끈이 하얗게 변한다고 합니다. 이스라엘의 속죄를 상징한 것입니다. 그렇다면 여기서 광야로 내몰렸던 염소는 얼마나 비참했겠습니까? 물이 없으니 얼마나 목이 말랐겠습니까? 먹을 풀도 없으니 얼마나 배가 고팠겠습니까? 또한 태양이 얼마나 뜨겁습니까? 게다가 맹수를 만나면 공격당해 먹혀버리는 것입니다. 이것은 예수 그리스도의 버림 받으심과 수난 당하심을 미리 보여주는 것입니다.

예수님이 하나님으로부터 얼마나 비참하게 버림을 당하셨습니까? 그리고 사람들로부터 얼마나 수치스럽게 버림을 받았습니까? 하나님과 사람에게 수치심과 굴욕감을 당했던 것을 보여주기 위해서 이렇게 하신 것입니다. 즉 이렇게 수치스럽고 굴욕적인 모습을 보일 때만 메시아의 이미지가 염소로 표현되었습니다.

그런데 문제는 광야로 쫓겨난 염소가 죽어야 하는데 어쩌다가 살아서 돌아올 때가 있습니다. 그러면 난리가 나는 것입니다. 아니 아사셀 염소가 광야에 가서 죽어야 이스라엘이 죄 용서를 받는

데 살아서 돌아오면 어떻게 됩니까? 큰일 난 것입니다. 그래서 그때부터는 염소를 광야로 내쫓는 것으로만 끝나는 것이 아니라 아예 제사장이 염소를 광야로 끌고 갑니다.

유대 광야에 있는 '몬타르'라고 하는 절벽으로 데리고 가서 잔인하게 염소를 떨어뜨립니다. 이 절벽은 김해에 있는 부엉이바위보다 훨씬 높고 가파릅니다. 거의 열 배나 높은 곳입니다. 그러니까 완전히 확인 사살까지 해버리는 것입니다. 염소가 떨어져 죽을 때 성전에 있는 붉은 끈이 하얗게 변한다고 합니다. 그만큼 염소는 수치스럽게 버림받아야 하고 굴욕적으로 죽어야 되는 존재였습니다. 바로 이럴 때만 염소가 메시아의 상징으로 쓰여졌습니다.

뿐만 아니라 염소는 속죄의 제물로 쓰여졌는데 대부분 수치스러운 죄나 아주 더럽고 굴욕적인 죄를 속죄하는 제물로 쓰여졌습니다. 유대인의 '미쉬나'에 의하면 그야말로 말할 수 없는 흉측하고 흉악한 죄를 지었을 때 염소를 제물로 드리도록 했습니다(미쉬나 카도쉬, 크리스토스 6:3).

염소를 제물로 드리는 일곱 가지의 죄

(1) 장모와의 성관계

 장모와 동침하는 자는 저주를 받을 것이라 할 것이요 모든

백성은 아멘 할지니라 (신 27:23)

성관계를 맺었다고 합시다. 젊은 남자와 여자가 잘못해서 눈이 맞을 수는 있지만 어떻게 장모와 그런 관계를 맺습니까? 얼마나 수치스럽습니까? 얼마나 흉측합니까? 이때 염소를 제물로 드리는 것입니다.

(2) 며느리와의 성관계

> 너는 네 며느리의 하체를 범하지 말라 그는 네 아들의 아내이니 그의 하체를 범하지 말지니라 (레 18:15)

아무리 젊은 여자가 좋다고 해도 어떻게 며느리와 성관계를 가집니까? 사형을 시켜 버리든지, 아니면 가위질을 해야 합니다. 가위로 잘라 버리는 것입니다. 이때도 염소를 제물로 드렸습니다.

(3) 처형이나 처제와의 성관계

> 너는 아내가 생존할 동안에 그의 자매를 데려다가 그의 하체를 범하여 그로 질투하게 하지 말지니라 (레 18:18)

아무리 욕정이 끓어오른다고 해도 어떻게 처형이나 처제와 성관계를 갖습니까? 너무나 파렴치한 죄이기에 염소를 드립니다.

(4) 형수나 제수와의 성관계

> 너는 네 형제의 아내의 하체를 범하지 말라 이는 네 형제의 하체니라 (레 18:16)

이것 역시 참으로 파렴치한 행위입니다. 이때도 염소를 드립니다.

(5) 큰어머니나 작은어머니 혹은 의붓어머니와의 성관계

> 너는 네 아버지 형제의 아내를 가까이 하여 그의 하체를 범하지 말라 그는 네 숙모니라 (레 18:14)

이러한 죄를 짓는 자도 쳐죽일 놈이지만 그래도 죄를 용서받으려면 염소를 드려야 합니다. 너무나 수치스럽기 때문입니다.

(6) 결혼한 유부녀와의 성관계

> 너는 네 이웃의 아내와 동침하여 설정하므로 그 여자와 함께 자기를 더럽히지 말지니라 (레 18:20)

당연히 이때도 염소를 드립니다.

(7) 월경 중에 있는 여자와의 성관계

> 너는 여인이 월경으로 불결한 동안에 그에게 가까이 하여 그의 하체를 범하지 말지니라 (레 18:19)

이것도 구약 시대에는 아주 부정하게 보았습니다. 그래서 염소를 드렸습니다.

주님은 염소처럼 죽으셔서 우리 죄를 근본적으로 다 용서해 주셨습니다. 그리고 우리를 양으로 만들어 주셨습니다. 얼마나 감사한 일입니까?

염소와 양이 확연하게 구별이 되고 다르기 때문에 성경에서도 염소와 양을 확실하게 다른 이미지로 사용하고 있습니다. 예수님께서도 마지막 날 심판대 앞에서 모든 성도를 염소와 양으로 분리한다고 하셨습니다. 그래서 염소를 주님의 왼편에 두고 양은 오른편에 둔다고 하시지 않았습니까?

> 인자가 자기 영광으로 모든 천사와 함께 올 때에 자기 영광의 보좌에 앉으리니 모든 민족을 그 앞에 모으고 각각 구분하기를 목자가 양과 염소를 구분하는 것같이 하여 양은 그 오른편에 염소는 왼편에 두리라 (마 25:31-33)

고대 근동의 목자들이 저녁이 되면 양과 염소를 꼭 구별해서 따로따로 둔 것처럼 예수님도 마지막 날에 양과 염소를 분리한다고 하셨습니다. 양을 오른편에, 염소를 왼편에 둔다고 하셨습니다. 원칙적으로 우리 예수님은 염소 같은 우리를 전부 양으로 바꾸어 주셨습니다. 이제 우리는 전부 염소가 아니라 양입니다.

그런데 근본적으로 우리는 아직도 여전히 염소 기질을 갖고 있을 수가 있습니다. 언제나 우리는 하나님 우편에서 양으로 존재해야 하는데 꼭 염소 기질을 가지고 염소처럼 살 때가 있습니다. 그러면 주님께서 마지막 심판 날에 염소로 산 성도는 왼편에 두시고 그 다음에 양으로 산 성도들은 오른편에 두실 것입니다. 그렇게 하겠다고 말씀하시지 않았습니까?

그러므로 염소가 되어야 합니까? 양이 되어야 합니까? 하나님께서 우리에게 기대하시는 바가 있다고 했습니다. 그것은 우리가 염소가 아니라 양이 되는 것입니다.

이제부터 우리 안에 있는 염소의 기질을 버려야 합니다. 염소의 수치, 염소의 굴욕을 다 버리고 염소처럼 꼴값 떨지 않고 다 양이 되어야 합니다. 신앙의 위엄을 지키고 명예를 지키고 순수함과 자존심을 지켜야 합니다. 염소처럼 왼편에 있지 않고, 하나님의 양으로서 하나님의 오른편에 있어야 합니다. 양이 되어야 합니다.

염소의 수치스러운 속성과 본능

보호 본능과 책임 의식이 없습니다.

앞에서도 잠깐 언급한 것처럼 염소에게는 보호본능과 책임의식이 없습니다. 한 번 암컷을 차지하고 나면 어떤 놈이 제 여자를 차지하고 소유하든지 관심이 없습니다. 관심 사항이 아닙니다. 제 욕구만 채우면 됩니다. 아무런 책임의식이 없습니다. 얼마나 수치스럽고 비굴한 모습입니까? 완전히 자기 중심적이고 상대방에 대한 배려가 없는 것입니다. 정말 추접하고 더럽지 않습니까?

이런 우스갯소리가 있습니다. 요즘 부부는 여러 가지 이유 때문에 이혼을 한다고 합니다. 20대는 재미가 없으면 이혼하고, 30대는 밥 달라고 하면 이혼하고, 40대는 어디 가냐고 물어봐도 이혼하고, 50대는 나도 같이 가겠다고 하면 이혼하고, 60대는 살갗만 닿아도 이혼하고, 70대는 존재 자체만으로 이혼의 사유가 된다는 것입니다. 이 모든 것이 다 염소 인생들이 하는 소리입니다.

나는 염소가 아닌가

우리 신앙생활도 마찬가지입니다. 우리가 신앙생활하면서 책임의식이 없고 보호본능이 없는 것은 진짜 신앙의 수치입니다. 인간이라면 먼저 우리는 사랑하는 아내를 보호하고 가족을 보호해야 합니다.

이 세상에서 제일 못난 사람이 어떤 사람인지 아십니까? 제 마누라는 생각도 안 하고 꼭 바깥에 나가서 외로운 여자 없나 하고 찾아다니는 자입니다. 자기 마누라는 사랑해 주지 않으면서 남의 여자를 사랑하려는 사람, 이것이 수치입니다. 또 제 자식은 학교도 못 보내고 학원도 못 보내면서 밖에 가서 남의 자식에게 장학금 주고 남의 자식 도와주는 것입니다. 제 자식은 내버려 두고 고아원이나 육아원 다니면서 남의 자식 도와주는 사람, 이런 사람이 염소입니다.

더구나 우리 예수 믿는 사람에게 있어서 내가 믿는 하나님을 비방하고 다니고, 내가 섬기는 교회를 내가 지키지 않고, 내가 보호하지 않는다는 것은 수치입니다. 완전히 염소입니다. 남이 우리 교회를 욕하는데 같이 욕하고, 내가 앞장서서 내가 다니는 교회를 비방하고, 내가 다니는 교회 목사님을 욕하고 다닌다면 이 얼마나 수치스러운 일입니까?

내가 다니는 교회는 저버리고 다른 데 가서 은혜 받고 다니는 사람들, 완전히 염소 성도들입니다. 내가 섬기는 교회는 충성하지 않으면서 괜히 다른 곳에 가서 충성하고 이 제단 저 제단 다니면서 도울 데 없는가 하는 사람들, 이 얼마나 꼴불견입니까?

내가 섬기는 목사님은 죽든 살든 상관 안 하고, 명함 수십 장씩 가지고 다니면서 다른 목사님들과 주거니받거니 하며 관계하고 다닌다면 이게 무슨 꼴불견입니까? 내가 다니는 교회는 별로 좋아하지 않고, 자기 목사님과도 관계가 좋지 않으면서 다른 교회 목사님과는 사이가 좋으면 완전히 꼴불견 아닙니까?

더구나 남이 교회를 비방하고 목사님을 비방하면 내가 못하게 해야 하는데도 불구하고 앞장서서 함께 비방합니다. 이게 무엇입니까? 염소입니다. 그러므로 우리는 절대로 염소가 되지 말아야 합니다.

염소는 교만의 모습과 이미지를 가지고 있습니다.

염소를 보면 항상 높은 곳을 좋아합니다. 올라가는 것을 좋아합니다. 그래서 이스라엘의 목동들도 염소가 이렇게 높은 데로 올라가는 것을 좋아하니까 양과 함께 섞어 놓았습니다. 옛날에 염소를 제방 둑 같은 곳에 매어 놓으면 절대로 아래로 안 내려갑니다. 항상 올라갑니다. 염소는 그런 것입니다.

교회 안에서도 마찬가지입니다. 염소 기질이 있는 사람은 자기가 항상 높은 자리에 올라가려고 합니다. 얼마나 교만한지 모릅니다. 자기가 교회 설립자라고 하면서 높은 자리에만 앉으려고 합니다. 자기가 남보다 힘이 있고 똑똑하다고 항상 높아지고 인정받고 칭찬받으려고만 합니다.

　주연 노릇을 해본 사람은 항상 주연 노릇을 해야지, 조연을 못 합니다. 그런데 진짜 아름다운 사람이 어떤 사람인지 아십니까? 주연 노릇도 하지만 조연 노릇을 해야 할 때는 확실하게 조연을 하는 사람입니다. 그런데 염소 기질이 있는 사람은 항상 자기만 높아지고, 항상 주연 노릇만 하려고 합니다. 그러면 교회가 어떻게 되겠습니까. 그런 사람이 염소입니다. 그러므로 염소 성도가 되지 말아야 합니다.

염소는 고집과 아집이 충만합니다.

　염소는 앞에서 끌고 가려고 하면 죽어도 안 따라옵니다. 고집이 센 염소는 뿔을 들이대면서 네 발을 버티고 안 따라옵니다. "누가 이기나 해 보자!" 그런 식입니다. 그러니까 염소를 어떻게 끌고 옵니까? 엉덩이를 살살 긁어주고 밀어주어야 따라옵니다.

　염소는 한 마디로 자기 고집과 주장이 강합니다. 염소는 우는 소리도 다릅니다. 양은 원래 "메에~~" 하며 부드럽게 울지만 염소는 "메에ㅅㅅ" 하고 끝이 올라가게 웁니다. 교회 안의 이런 염소들은 끝까지 자기 고집과 아집과 주장만 폅니다. 자기 생각이 아니면 안 되는 것입니다. 끝까지 자기 생각만 고집합니다. 그런 똥고집을 가진 사람들은 다 염소 기질을 가지고 있는 사람들입니다.

그리고 좌편에 있는 사람들입니다. 그러므로 우리 마음속에 기생하는 이런 염소를 죽여야 합니다.

안티와 강성의 이미지를 가지고 있습니다.

염소는 앞에서 말씀드린 것처럼 한 번 고집을 피우면 끝까지 고집을 꺾지 않고, 안티 성향의 기질을 발휘합니다. 그리고 마음에 안 들면 뿔로 받아 버립니다. 결국 자기 손해인데도 불구하고 그렇게 합니다. 제 뿔이 다치고, 제 머리에 피가 나도 이 멍청한 것이 계속 들이받습니다.

중직자가 염소라니

교회 안에 이런 사람이 얼마나 많습니까? 한국교회 안에 이런 염소 기질을 가진 중직자들이 너무 많습니다. 그래서 한국교회가 문제인 것입니다. 교회를 섬기고 주의 종을 섬기고 하나님을 섬겨야지 왜 들이받습니까? 왜 기둥을 들이받고 강단을 들이받고 목사를 들이받습니까? 그래서 교회가 흔들리는 것이 아닙니까? 공동체가 무너지고 깨지는 것이 아닙니까?

이런 자들은 자기 말만 옳다고 주장합니다. 자기만 교회를 사랑하고 목사님을 사랑하는 것 같습니다. 그러나 그것은 자기의 의를 앞세운 것에 불과합니다. 자기 의를 앞세운 고집이나 아집의 뿔로 자꾸 들이받으며, 자기 의를 과시하고 나타내는 것입니다.

얼마나 불쌍하고 가련한 인생입니까? 이렇게 하다가 결국 염소는 좌편으로 버림 받고 저주를 받게 되는 것입니다. 마태복음 25장 31-33절에서도 볼 수 있듯이 염소 성도는 왼편으로 버림을 받고 저주를 받는 것으로 끝나지 않습니까?

> 인자가 자기 영광으로 모든 천사와 함께 올 때에 자기 영광의 보좌에 앉으리니 모든 민족을 그 앞에 모으고 각각 구분하기를 목자가 양과 염소를 구분하는 것같이 하여 양은 그 오른편에 염소는 왼편에 두리라 (마 25:31-33).

제가 꽤 오래 전에 한 교회에서 부흥회를 인도했습니다. 교회 역사가 100년이 훨씬 넘은 교회였습니다. 그런데 가서 보니까 완전히 교회가 제도화되어 있고, 화석화되어 있었습니다. 교인들이 박수도 안 치고 아멘도 잘 안 했습니다. 모든 것이 제도화되고 화석화되어 있었기에 집회하기가 쉽지 않았습니다.

재정부에서 돈 십만 원 나가는 것도 당회의 결의가 있어야 가능했습니다. 국민일보 구독 신청하는 것도 당회의 결의가 있어야 한다는 것입니다. 당회를 주일 저녁 9시에 시작했다고 하면 이튿날 새벽 5시까지 합니다. 그리고 새벽기도 마치고 또 계속한다는 것입니다. 목숨 걸고 당회하는 교회였습니다.

그런데 교회에서 조그마한 공사를 하는데 그 공사를 장로에게 안 주고 안수집사에게 주었답니다. 그 후로 그 장로가 목사를 비방하고 다니기 시작하였습니다. 그때 목사님이 그냥 그 장로에게 줘 버리지 왜 안수집사에게 주었는지 저는 잘 모르겠습니다만, 하여간 그 일로 장로가 목사를 물고 늘어지는 것입니다.

원래 그 장로님은 완전히 목사님의 심복이었답니다. 대단한 충성파였는데 공사 하나 안 주었다고 그 목사님이 가짜 박사학위를 받았느니 어쩌니 하며 이단 시비를 걸고, 나중에는 재판까지 몰고 갔습니다.

그 교회 재판은 전국적으로 유명한 재판이 되었습니다. 그래서 교회가 분열되고 교인들은 떠나고 불신자들의 조롱거리가 되었습니다. 제가 그런 교회에 갔습니다. 가서 보니까 목사님이 목회를 하고 있는 것이 아니라 완전히 종 노릇을 하고 있었습니다. 이런 장로들이 바로 염소입니다.

결국에는 그 염소들이 완전히 망하고 병들어 죽었다는 것이 아닙니까? 그런데 그렇게 망한 줄도 모르고 미련한 염소는 끝까지 들이받는 것입니다. 지방법원, 고등법원, 대법원까지 가서 재판에 다 지고 완전히 망했습니다. 제가 너무 자세하게 말하면 여러분이 '어느 교회구나' 하고 짐작하실 것 같아서 이 정도로만 하겠습니다.

뿔이 부러지고 제 머리에 피가 나도록 미련하게 끝까지 들이받다가 결국 만세 3창을 부르고 인생이 망한 것입니다. 완전히 주님 앞에서 왼편에 선 염소 인생으로 끝이 났습니다. 우리가 그러한 결과를 보려고 신앙생활을 합니까? 그렇게 하려고 교회 중직자가 되었습니까? 이런 것을 보면 하나님의 은혜와 예정론에 대해서 다시 한 번 생각해 보게 됩니다.

제가 그런 교회에 집회를 인도하러 갔습니다. 그러니 제가 첫날 저녁부터 얼마나 힘들었겠습니까? 그러나 저는 소신껏 했습니다. 첫날 저녁부터 생명나무로 두드려 깨 버렸습니다. 그리고 제가 가서 첫날 생명나무 설교할 때, 우리 장로님들과 예배당을 짓기 전에 소변본 이야기를 했습니다. 그리고 백암교회를 개척하면서 무등산에 올라가 기도하고 또 기도하다가 불렀던 노래를 한 번 불러 보았습니다.

"♪쨍하고 해 뜰 날 돌아왔단다~"

그랬더니 담임 목사님이 설교가 끝나고 나서 걱정을 하는 것입니다. 저의 설교가 너무 험악하고 와일드했다는 것입니다. 너무 거칠다는 것입니다. 설교 시간에 장로님들과 소변본 이야기를 하고 유행가를 부른 이야기를 어떻게 하느냐는 것입니다. 아마 내일 새벽에 당회가 열릴 텐데 목사님이 틀림없이 당회 앞에 가서 사과해야 할 것이라고 하였습니다. 그리고 지금까지 이렇게 한 분들은 당회 앞에 가서 다 사과하고 집회를 마쳤다는 것입니다.

그래서 제가 이렇게 말씀드렸습니다. "목사님! 절대, 걱정 마십시오. 오줌 누는 것도 간증인데 그게 뭐가 어떻다는 겁니까? 그리고 내가 성도들하고 같이 부르자고 한 것도 아니고 내가 믿음으로 기대하고 불렀다는 것인데 무슨 문제입니까? 만약 문제가 있으면 내가 다시 당회에 가서 설교를 하겠습니다."

이튿날 새벽에 "자녀 위해 웁니다"라는 제목으로 설교를 했습니다. 이 설교는 상당히 은혜가 됩니다. 선대가 씨 뿌려서 후대가 복을 받는다는 내용의 설교입니다. 많은 사람이 감동을 받습니다. 그리고 끝에 가서는 저의 장모님인 정 권사님이 간증을 합니다. 그러니 사람들의 마음이 뜨끔뜨끔 찔리는 것입니다.

은혜를 받으니까 감히 당회하자는 소리를 못합니다. 처음엔 저에 대한 반감이 있고, 순간순간 저항감이 생기면서 염소 기질이 솟구쳐 올라왔지만, 말씀의 힘과 영적인 감동을 체험하고 나중엔 은혜를 받는 것입니다.

그리고 낮 집회에서는 "마리아, 마르다"를 설교하면서 교회론으로 밀어붙였습니다. 그랬더니 성도들의 마음 문이 열렸습니다. 은혜를 받기 시작하였습니다. 그리고 둘째 날 저녁에는 우리 조폭 두목같이 생긴 장로님들이 봉고차로 한 차 와서 맨 앞자리에 앉아

"아멘! 아멘!" 하며 은혜를 받았습니다. 그날 저녁에는 "교회의 영광을 회복하라"라는 제목의 설교를 했습니다. 그때는 목요일까지 집회를 했는데, 갈수록 부흥의 불길이 타올랐습니다.

마침내 마지막 날에는 제일 강성이었던 장로님이 밥을 사 주면서 이렇게 말씀하는 것입니다.

"목사님, 첫날에는 가슴이 조마조마하고 뜨끔뜨끔했습니다. 그러나 역시 목사님은 눈치 안 보고 소신껏 하셔서 은혜를 받았습니다. 역시 목사님은 금강석처럼 단단한 분입니다."

그래서 제가 이렇게 대답해 주었습니다. "모르셨습니까? 우리 교인 중의 한 분이 그런 이야기를 했습니다. 황우석은 황당하고 우매하고 어리석은 돌이지만, 소강석은 작지만 강하고 단단한 돌이라고요!", "다윗이 골리앗의 면빡을 단단한 물맷돌을 갖고 뚫어 버린 것처럼 제가 금강석 설교를 하는 사람이 아닙니까?" 그러자 모두가 껄껄껄 웃으면서 즐겁게 밥을 먹었습니다.

마지막 날 저녁에는 장로님들이 올라와서 이런 메시지는 처음이다, 목사님 말씀대로 순종하겠다, 염소에서 양이 되겠다, 이런 고백을 하며 저에게 꽃다발을 안겨 주었습니다. 그리고 전 교인이 기립박수를 쳐 주었습니다. 바로 이런 모습이 염소가 양으로 바뀌었다는 하나의 외적 표시가 아니겠습니까? 이런 부흥을 경험하면 참으로 주께 영광을 돌리게 됩니다.

염소 기질이 있으면 전부 양의 기질로 바꾸어야 합니다. 염소의 무책임과 교만과 강성과 안티 정서를 다 버리고 양의 순종과 겸손을 가져야 합니다. 염소의 저주를 다 버리고 양의 축복을 받아야 합니다.

양의 명예로운 본능과 속성

보호와 책임감의 본능이 있습니다.

양은 끝까지 암컷을 보호합니다. 그리고 새끼까지 보호합니다. 양에게는 보호와 책임감의 본능이 있습니다. 그래서 목숨을 걸고 자기 가족을 지키고 보호합니다. 비록 피투성이가 되어 죽을지라도, 끝까지 가족을 지킵니다.

우리도 양 같은 성도가 되면 가족을 보호하고 내 아내, 내 남편, 내 자녀를 사랑하고 책임집니다. 또한 이것을 넘어서 내 하나님, 내 교회, 내 목사님을 책임지고 보호하려고 합니다. 그런 심성과 마음을 갖게 됩니다.

염소 같은 사람은 안티들이 기독교를 모욕하고, 교회를 비방하며, 하나님을 긁어대도 아무런 분노심이나 의협심이 치밀어 오르지 않습니다. 교회를 비방하고 공격해도 아무런 분노가 없습니다. 기독교를 개독교라고 불러도 분노가 일어나지 않습니다.

그러나 양 같은 성도는 열 받습니다. 저는 컴퓨터를 잘 알고 신학적 지식이 많은 신학대학원 학생들 중에 열댓 명을 고용해서 한 달에 월급 100만 원씩 주고, 하루에 몇 시간씩만 컴퓨터 앞에 앉아서 안티 기독교적인 글이 올라오면 아주 지성적이고 논리적이고 설득력 있는 반박의 글을 올리게 하고 싶습니다. 앞으로 그렇게 할 계획입니다. 만약 어떤 한 사람이 안티 기독교 성향의 글을 올리면 열다섯 명이 동시에 달려들어서 반박하고 바른 정보를 제공하는 댓글을 다는 것입니다. 열다섯 명만 그렇게 하는 것이 아니라 친구들도 동원해서 함께 달려들게 합니다. 이것이 중요한 것입니다.

저는 이런 의협심이 있습니다. 성도들이 모두 이런 의분과 의협심을 가져야 하겠습니다. 누가 담임 목사님을 폄하하고 교회를 폄하하면 열 받아야 합니다. 그렇다고 싸우라는 이야기가 아닙니다. 뜨거운 마음과 차가운 이성으로 교회를 차분하고 진지하게 홍보하고 자랑할 수 있어야 합니다. 그리고 설득해서 교회로 데리고 와야 합니다.

교회 안에도 괜히 교회에 대해 좋지 않은 말을 하고 불평하는 사람들이 있습니다. 그들이 교회에 대해 나쁜 말을 하면 가만히 두어선 안 됩니다. 왜 교인이 되어서 그러냐고 깨우쳐 주어야 합니다. 책임과 보호 본능이 있어야 합니다. 교회가 휴가철이어서 조금 빈 자리가 보일 경우에도, 요즘 경기가 안 좋아서 교회의 재정이 어려울 경우에도 내가 더 전도하고 내가 더 헌금해야 합니다. 그렇게 해서 교회를 도와야 합니다. 다시 말해 교회에 대한 책임의식과 보호본능이 있어야 합니다. 담임 목사에 대한 책임의식과 보호본능이 있어야 합니다.

이것이 무엇입니까? 양 같은 성도의 본성이요, 속성입니다. 우리 모두 이런 양 같은 성도들이 됩시다. 언제나 한결같이 이런 양 같은 성도가 됩시다.

양에게는 순종과 헌신, 희생의 이미지가 있습니다.

아브라함이 이삭을 묶어 놓고 죽이려고 했을 때 하나님께서 아브라함을 부르셨습니다. "네가 나를 진심으로 사랑하는 줄을 내가 알았노라……." 그런 주님의 인정을 받고 뒤를 돌아보니까 숫양이 수풀에 걸려 있었습니다. 그 숫양을 잡아서 대신 번제를 드렸습니다. 여기서 양은 희생과 헌신의 이미지를 가집니다.

그뿐입니까? 이사야 53장을 보면 양은 완전히 순종의 이미지입니다. 양이 털을 깎으러 가는데 아무런 거역도 하지 않고 잠잠합니다. 염소 같으면 막 소리를 지르고 비명을 지르며 네 발로 버티고 뿔로 받아버렸을 텐데 양은 잠잠하게 따라갑니다.

> 그가 곤욕을 당하여 괴로울 때에도 그의 입을 열지 아니하였음이여 마치 도수장으로 끌려 가는 어린 양과 털 깎는 자 앞에서 잠잠한 양 같이 그의 입을 열지 아니하였도다 (사 53:7)

오늘도 교회 안에서 양 같은 성도들은 항상 잠잠합니다. 말없이 순종하고, 말없이 헌신하고, 말없이 희생합니다. 절대로 들이받는 일도 없고, 자기 주장을 내세우지도 않습니다. 항상 그리고 부지런히 주님의 말씀에 순종합니다. 말씀이라면 "아멘"으로 순종합니다. 내가 필요한 곳이고 나의 헌신과 희생이 필요한 곳이라면 무조건 헌신합니다. 아무런 말 없이 잠잠하게 희생하고 헌신합니다.

이렇게 언제나 십자가 지고 말없이 충성하고 헌신하는 성도들, 이런 성도들로 가득한 교회가 부흥합니다. 그리고 이런 교회가 교회의 영광과 거룩함을 나타내고 영향력의 지경을 넓히는 것입니다. 그리고 교회 중의 교회의 모델이 됩니다. 이런 양 같은 성도들이 되어야 합니다. 양 같은 직분자들이 되어야 합니다.

양은 생명나무를 선택하는 모습을 보여 줍니다.

양의 또 다른 특징 중의 하나가 비명소리를 안 지른다는 것입니다. 이스라엘 남자들의 미덕 중의 하나는 고통 중에도 소리를 지르지 않는 것이라고 합니다. 고통을 참아내는 것이 남자의 미덕이라고 그들은 생각했습니다. 그런데 염소는 비명소리를 지르고 끝소리가 더 크게 올라갑니다. 그러나 양은 비명소리를 안 지릅니다. 질러 보았자 애들처럼 합니다. "매애 매애~"

예수님도 골고다 언덕에 끌려가실 때 신음소리를 내지 않으셨습니다. 성경에는 잠잠하게 도살장으로 끌려가는 양의 이미지로 표현되어 있습니다.

> 그가 곤욕을 당하여 괴로울 때에도 그의 입을 열지 아니하였음이여 마치 도수장으로 끌려 가는 어린 양과 털 깎는 자 앞에서 잠잠한 양같이 그의 입을 열지 아니하였도다 (사 53:7)

오늘 우리도 이런 양의 모습을 가져야 됩니다. 염소의 기질을 가지면 선악과를 못 따 먹어서 안달이 납니다. 선악과를 따고 불평하고 원망을 합니다. 또한 양은 그저 목자만 따라 다닙니다. 언제나 온순하고 유순하며 제 고집을 피우지 않습니다.

양의 성품을 가진 사람은 언제나 생명나무를 선택합니다. 언제나 은혜를 선택합니다. 언제나 생명을 선택합니다. 언제나 찬양하고 감사하며 순종합니다. 무조건 생명이 되는 것을 선택하는 것입니다. 그것이 생명이라면 어려워도 감사를 선택하고, 희생을 선택하고, 헌신을 선택하고, 순종을 선택합니다. 그것도 말없이 절대로 불평하고 따지지 않습니다. 그저 "아멘"밖에 없습니다. 비명소리가 없습니다. 그리고 "할렐루야" 하고 찬양만 합니다. 오직 하나님밖에 모릅니다.

이런 성도들이 양 같은 성도입니다. 그 양 같은 성도는 언제나 오른편에 있는 성도이고 결과는 언제나 축복으로 끝납니다. 주님의 인정과 칭찬과 축복으로 끝나는 것입니다. 주님은 염소보다 양을 좋아하시기 때문입니다.

마태복음 25장 31-33절을 보면 주님께서 염소를 책망하셨습니다. 그리고 왼편에 두고 저주하셨습니다. 염소의 인생은 저주로 끝나는 것입니다. 책망과 징계로 끝납니다. 더 나아가서 영원한 형벌로 끝나는 것입니다.

> 인자가 자기 영광으로 모든 천사와 함께 올 때에 자기 영광의 보좌에 앉으리니 모든 민족을 그 앞에 모으고 각각 구분하기를 목자가 양과 염소를 구분하는 것같이 하여 양은 그 오른편에 염소는 왼편에 두리라 (마 25:31-33)

그러나 양들은 우편에 두시고 영광 중에 칭찬하시고 축복하십니다. 우편에 두셨다는 말은 그것이 축복이고 영광이고 명예이고 승리라는 말입니다. 그러한 상급을 양들에게 주셨다는 말입니다.

양에게 승리하는 축복을, 영광을 주셨다는 말입니다.

　우리는 모두 양들이 되어야 합니다. 우리 모두에게 양의 축복이 있어야 하겠습니다. 염소를 버리고 양의 심정을 가집시다. 염소의 기질을 버리고, 양으로 부활합시다. 우리 모두 주님의 영광의 우편에 있어야 합니다. 축복의 우편에 있어야 합니다. 은혜의 우편에 있어야 합니다.

　하나님의 우편에서 언제나 기적을 경험하고 승승장구를 경험하고 만사형통을 경험해야 합니다. 그래서 우리 하나님의 그 모든 역사를 간증해야 합니다. 양과 같은 성도들에게는 이런 역사가 있습니다. 양의 위엄과 형통과 기적이 다 우리의 것이 되어야 합니다.

지혜로운 뱀,
순결한 비둘기가 되라

마태복음 10장 16-20절

우리는 뱀같이 지혜로워야 합니다. 그리고 뱀같이 지혜로울 뿐만 아니라 말도 잘해야 합니다. 그래야 우리가 이 어지러운 세상에서 승리할 수가 있습니다. 주님은 지혜로워야 한다는 사실을 우리에게 교훈해 주고 있습니다. 그렇게 지혜롭기 위해서는 성령님을 의지해야 합니다. 그러므로 우리는 하나님 앞에 기도해야 합니다. "주여, 우리에게 지혜를 주옵소서, 뱀 같은 지혜를 주옵소서, 뱀 같은 지혜로 안 되는 일도 되게 하여 주옵소서, 원수도 내 편으로 만들어 주시고 그 지혜로 어려운 세상을 다 헤쳐나가 불리한 상황을 이기고 역전할 수 있게 해 주옵소서!" 이런 기도를 드리고 승리하는 우리가 되어야 합니다.

하나님은 우리에게 기대를 갖고 계십니다. 그것이 무엇입니까? 우리가 거룩한 뱀이 되고 순결한 비둘기가 되는 것입니다. 한국에서는 '뱀' 하면 먼저 혐오감이 생깁니다. 흉측함이 느껴집니다.

어떻습니까? 혹시 뱀을 보면 귀엽고 사랑스럽습니까? 혹시 독사나 살모사를 보면 껴안고 싶고 보듬고 싶고 입맞추고 싶은 사람이 있습니까? 아마 그런 사람은 하나도 없을 것입니다. 더구나 우리 그리스도인들은 '뱀' 하면 마귀, 사탄이 생각 납니다. 그래서 더 싫어합니다. 무조건 보았다 하면 돌을 던져 죽이고 몽둥이로 때려 죽이고 싶은 생각이 듭니다. 뱀이 그냥 도망가기만 해도 아주 섬뜩한 느낌이 듭니다.

그러나 유대인은 뱀 하면 징그러움이 아니라 지혜로움을 먼저 마음속에 떠올립니다. 유대인은 지혜를 제일 중요시 여겼습니다. 그래서 탈무드는 유대인의 지혜에 대해서 말하지 않습니까? 그리고 잠언서를 봐도 지혜가 귀하다고 하지 않았습니까?

이는 지혜를 얻는 것이 은을 얻는 것보다 낫고 그 이익이 정금보다 나음이니라 (잠 3:14)

유대인은 뱀을 지혜의 상징으로 생각했습니다. 우리와는 약간 다릅니다. 왜 그들은 뱀을 지혜로움의 상징으로 생각했을까요? 두

가지로 생각해 볼 수 있습니다.

뱀이 지혜로움으로 상징된 이유

(1) 혓바닥이 두 개이기 때문입니다.

혓바닥이 하나인 것이 말을 더 잘하겠습니까? 두 개가 말을 더 잘하겠습니까? 당연히 혓바닥이 두 개가 있으면 말을 더 잘한다고 할 수 있습니다. 뱀은 혓바닥이 두 개입니다. 그리고 혓바닥이 굉장히 가늡니다.

사람도 혓바닥이 두꺼운 사람치고 말 잘하는 사람이 없습니다. 말이 우둔합니다. 그래서 말 못하는 사람들은 대부분 입술이 두툼하고 혓바닥이 두껍습니다. 예외가 있긴 합니다만, 혓바닥이 두꺼운 것보다 가는 것이 보편적으로 말을 더 하게 되어 있습니다. 뱀은 혀가 굉장히 가늘고 게다가 혓바닥이 두 개입니다. 말을 잘할 것이라고 유대인은 생각한 것입니다.

(2) 하와를 꾀었기 때문입니다.

혓바닥이 두 개 있다고 말을 잘합니까? 지혜가 있어야 말을 잘할 것이 아닙니까? 그런데 뱀은 혓바닥이 두 개인 데다가 지혜가 있었습니다. 뱀에게 혓바닥이 두 개가 있는 것이 중요한 것이 아닙니다. 혓바닥이 두 개여서 말을 잘하는 것이 중요한 것이 아니라 뱀에게는 지혜가 있었습니다. 기가 막힌 지혜가 있어서 말을 지혜롭게 잘했던 것입니다.

뱀이 얼마나 지혜가 있고 말을 잘했느냐면 에덴동산에 있는 하와를 꼬셔 버렸습니다. 그때 하와가 죄의 유혹과 시험에 오염될 소지는 있었지만 죄가 있었던 것도 아니고 근본적으로 우리와 같은 존재가 아니었습니다. 하와에게는 나름대로 유혹에 안 넘어가려고 하는 도도함과 방어심리가 있었습니다. 그런데 뱀이 이 여자를 얼마나 간교하게 꾀었는지 모릅니다. 그래서 창세기 3장을 보면 뱀이 가장 간교하다고 하지 않았습니까?

그런데 뱀은 여호와 하나님이 지으신 들짐승 중에 가장 간교하니라…… (창 3:1 상)

여기서 이 '간교'라는 말은 지혜롭다는 말입니다. 히브리어로 '아룸'이라는 말인데 '지혜롭다'는 말과 같습니다. 사무엘상에도 이런 표현이 있습니다.

어떤 사람이 내게 말하기를 그는 심히 지혜롭게 행동한다 하나니 너희는 가서 더 자세히 살펴서 그가 어디에 숨었으며 누가 거기서 그를 보았는지 알아보고 (삼상 23:22)

여기서도 다윗이 '지혜롭게' 행동한다는 말을 같은 단어로 표현했습니다. 그러므로 이 '아룸'이라는 단어를 부정적으로 해석하면 '간교하다'는 뜻이 되지만 긍정적으로 해석하면 '지혜롭다'는 뜻이 됩니다. 아무튼 에덴동산에서부터 뱀은 남을 꾀고 넘어뜨리는 아주 간교한 존재였습니다. 그래서 하와도 하나님께 고백하지 않았습니까? 하나님 앞에서 자기의 범죄함을 고백하면서 뱀이 자기를 꾀었기 때문이라고 말합니다.

> 여자가 이르되 뱀이 나를 꾀므로 내가 먹었나이다…… (창 3:13 하)

그리고 요한계시록 12장 9절에서도 뱀은 온 천하를 꾀는 자라고 했습니다. 왜냐하면 부정적이기는 하지만 뱀에게는 지혜가 있기 때문입니다.

> 큰 용이 내쫓기니 옛 뱀 곧 마귀라고도 하고 사탄이라고도 하며 온 천하를 꾀는 자라 (계 12:9)

이렇게 사탄과 옛 뱀은 온 천하를 꾀는 자입니다. 이놈들의 지혜는 보통이 아닙니다. 그뿐입니까? 이 뱀에게는 은근하게 다가가서 소리없이 상대를 물어 버리는 지혜가 있습니다. 뱀의 혀 밑에는 맹독이 있습니다. 그 독으로 심지어는 사람도 죽일 수 있습니다. 이 광야의 뱀이 산이나 들에 있는 쥐를 잡아먹거나 짐승을 잡아먹을 때 딱 한 번만 물어도 상황이 끝나 버리는 것입니다.

이처럼 뱀에게는 꾀가 있고 지혜가 있습니다. 그래서 이런 배경에서 세례 요한과 예수님은 바리새인이나 서기관들에게 "뱀들아, 독사의 자식들아!"라고 욕을 한 것입니다.

> 요한이 많은 바리새인들과 사두개인들이 세례 베푸는 데로 오는 것을 보고 이르되 독사의 자식들아 누가 너희를 가르쳐 임박한 진노를 피하라 하더냐 (마 3:7)

> 뱀들아 독사의 새끼들아 너희가 어떻게 지옥의 판결을 피하겠느냐 (마 23:33)

이런 것을 보면 세례 요한도 욕쟁이고 예수님도 욕쟁이입니다. 예수님은 '독사의 새끼들'이라고 하셨습니다. 제가 만약에 우리 성도들이 조금 삐딱한 짓거리를 하고 꼴값을 떨었다고 해서 "독사의 새끼들아!"라고 하면 난리가 날 것입니다.

독사의 자식들

그러면 왜 예수님께서 그들에게 독사의 자식들이라고 했습니까? 이유는 두 가지입니다.

(1) 바리새인과 서기관들이 말을 잘했기 때문입니다.

그들은 말을 잘해도 얼마나 지혜롭게 잘했는지 모릅니다. 그러니까 온 백성들이 다 넘어갔습니다. 그 바리새인들의 웅변과 가르침에 다 따라갔습니다. 그만큼 말을 잘했습니다. 뱀처럼 말입니다. 지금도 유대인의 랍비들이 얼마나 말을 잘합니까? 그리고 얼마나 지혜롭습니까? 그런 의미에서 독사의 자식이라고 했던 것입니다.

조금 부정적인 의미에서 독사의 자식이라고 했지만 우리 성도들도 말을 잘해야 합니다. 특별히 장로님들은 말을 더 잘해야 합니다.

세상에 나가서 사람들을 설득하고 내 편으로 만들려면 말을 잘해야 합니다. 약장사 이상으로 말을 잘해야 합니다. 전도자들, 사업가들, 정치인들도 말을 잘해야 합니다. 특별히 목회자들은 더욱 말을 잘해야 합니다. 그러므로 목회자들을 위해 기도를 많이 해주어야 합니다.

(2) 그들 역시 혀 밑에 죽이는 독이 있었습니다.

그 독으로 사람을 죽였습니다. 그래서 그들이 가르치는 설교와 교훈으로 백성들을 전부 똑같이 독사의 새끼들로 만들고 죽였던 것입니다. 그래서 예수님께서 이렇게 말씀하십니다.

> 화 있을진저 외식하는 서기관들과 바리새인들이여 너희는 교인 한 사람을 얻기 위하여 바다와 육지를 두루 다니다가 생기면 너희보다 배나 더 지옥 자식이 되게 하는도다 (마 23:15)

바리새인들은 그냥 유대인들을 바리새파 교인들로 만들기 위해서 이리저리 돌아다니다가 사람을 낚으면 자기들보다 배나 지옥 자식이 되게 만들어 버립니다. 그들의 입에서 나오는 독으로 율법의 사람을 만들었습니다. 완전히 지독한 외식의 사람으로 만들어 버렸습니다. 그래서 예수님은 바리새인들을 '독사의 자식'이라고 표현하신 것입니다. 비록 여기서도 예수님이 뱀을 부정적인 이미지로 묘사하셨지만 지혜로운 동물이라는 이미지가 그 속에 있다는 점을 우리는 기억해야 합니다.

마태복음 10장 16-20절을 보면 예수님이 뱀을 긍정적인 이미지로 사용하십니다. 지혜의 동물의 이미지로 쓰셨던 것입니다. 제자들에게 "너희는 뱀같이 지혜로워라"고 하셨습니다. 이제 예수님이 제자들을 파송합니다. 예수님의 제자로만 있지 않고 그들은 사도로 파송을 받고 파송 현장에서 주의 복음을 전합니다.

> 보라 내가 너희를 보냄이 양을 이리 가운데로 보냄과 같도다 그러므로 너희는 뱀같이 지혜롭고 비둘기같이 순결하라 사람들을 삼가라 그들이 너희를 공회에 넘겨 주겠고 그들의 회당에서 채찍질하리라 또 너희가 나로 말미암아 총독들과 임금들 앞에 끌려 가리니 이

는 그들과 이방인들에게 증거가 되게 하려 하심이라 너희를 넘겨 줄 때에 어떻게 또는 무엇을 말할까 염려하지 말라 그 때에 너희에게 할 말을 주시리니 말하는 이는 너희가 아니라 너희 속에서 말씀하시는 이 곧 너희 아버지의 성령이시니라 (마 10:16-20).

그런데 어떻게 해서든지 예수님의 제자들을 잡아 죽이려고 하는 대적자들이 얼마나 많은지 모릅니다. 제자들을 잡아서 감옥에 집어 넣고 심문을 하고 공회에 넘깁니다. 그럴 때를 대비해서 예수님이 말씀하시는 것입니다. "너희들은 열정만 있어서는 안 된다. 지혜가 있어야 한다. 어떤 지혜가 있어야 하느냐? 뱀 같은 지혜가 있어야 한다. 그래야 어려운 상황을 잘 모면하고 위기를 슬기롭게 잘 대처할 수 있다."

보라 내가 너희를 보냄이 양을 이리 가운데로 보냄과 같도다 그러므로 너희는 뱀같이 지혜롭고 비둘기같이 순결하라 (마 10:16)

그런데 그 지혜와 능력을 주신 분이 누군지 아십니까? 바로 성령님입니다. 그 지혜와 능력을 받기 위해서 성령을 받아야 한다는 말입니다.

너희를 넘겨 줄 때에 어떻게 또는 무엇을 말할까 염려하지 말라 그때에 너희에게 할 말을 주시리니 말하는 이는 너희가 아니라 너희 속에서 말씀하시는 이 곧 너희 아버지의 성령이시니라 (마

10:19-20)

왜냐하면 성령은 지혜의 영이요, 생각나게 하는 영이요, 떠오르게 하는 영이시기 때문입니다.

> 보혜사 곧 아버지께서 내 이름으로 보내실 성령 그가 너희에게 모든 것을 가르치고 내가 너희에게 말한 모든 것을 생각나게 하리라 (요 14:26)

우리는 뱀같이 지혜로워야 합니다. 그리고 뱀같이 지혜로울 뿐만 아니라 말도 잘해야 합니다. 그래야 우리가 이 어지러운 세상에서 승리하고 살아남을 수가 있습니다.

이와 같이 주님은 지혜로워야 한다는 사실을 우리에게 교훈해 주고 있습니다. 그런데 지혜롭기 위해서는 성령님을 의지해야 합니다. 하나님 앞에 더욱 기도해야 합니다. 성령님을 의지해야 합니다. "주여, 우리에게 지혜를 주옵소서. 뱀 같은 지혜를 주옵소서. 뱀 같은 지혜로 안 되는 일도 되게 하여 주옵소서. 원수도 내 편으로 만들어 주시고 그 지혜로 어려운 세상을 다 헤쳐 나가 불리한 상황을 이기고 역전할 수 있게 해 주옵소서!" 이런 기도를 드리고 승리하는 우리가 되어야 하겠습니다.

생각해 보면 저는 내놓을 것이 아무것도 없습니다. 지난번에 미국에서 온 헤롤드 변 차관보가 이런 이야기를 하였습니다. "미국에서 정치를 하려면 키가 작으면 안 된다. 기본적으로 키가 커야 한다. 멕케인이 왜 오바마에게 졌는지 아느냐? 여러 가지 이유가 있겠지만 키가 작고 나이가 많아서 떨어졌다."

그리고 미국에서 목회에 성공하기 위해서도 키가 커야 한다고 합니다. 제가 보기에도 맞는 말입니다. 빌리 그레이엄, 로버트 슐러, 릭 워렌, 조엘 오스틴, 다 키가 큽니다. 키 작은 목사가 아무도 없습니다. 제발 그런 일은 미국에서만 있고 우리나라에서는 없기를 바랍니다.

그래도 저에게는 하나님이 주신 특별한 재산이 있습니다. 지혜입니다. 하나님이 저에게 뱀 같은 지혜를 주셨습니다. 얼마나 감사한지 모릅니다. 이 지혜로 저는 여기까지 왔고 앞으로 하나님께서 더 큰 지혜를 주실 줄로 믿습니다. 하나님께서 저 뿐만 아니라 우리의 자녀들에게도 뱀의 지혜를 주시기를 바랍니다.

살리는 뱀

그런데 예수님은 여기서 새로운 반전을 시도하십니다. 지금까지 뱀을 다 이렇게 지혜로운 동물의 이미지로 쓰긴 썼지만 대부분 부정적인 의미에서 썼습니다. 독이 있는 뱀, 죽이는 뱀, 남을 꼬이는 뱀의 이미지를 사용했는데 갑자기 주님은 정반대로 살리는 뱀의 이야기를 하십니다. 아니, 살리는 뱀의 이야기를 하는 것을 넘어서 예수 그리스도 자신이 살리는 뱀이 될 것이라고 말씀하고 있습니다. 한 마디로 예수님 자신이 살리는 뱀이요, 거룩한 뱀이라는 것입니다.

> 모세가 광야에서 뱀을 든 것같이 인자도 들려야 하리니 이는 그를 믿는 자마다 영생을 얻게 하려 하심이니라 (요 3:14-15)

이 말씀의 배경은 민수기 21장입니다. 이스라엘 백성들이 광야를 지나다가 불평을 많이 했습니다. 먹을 것이 없다고 원망하고, 길이 안 좋고 물이 없다고 원망했습니다. 하도 원망을 많이 하니까 하나님께서 불뱀을 이스라엘 백성들에게 보내서 물게 만들었습니다. 그 불뱀은 한 마디로 광야의 맹독성을 가진 코브라와 같은 뱀입니다.

뱀에 물리니까 죽게 되었을 것 아닙니까? 그때 모세가 기도하자 하나님께서 모세에게 응답을 주셨는데 뱀은 뱀으로 치유하라고 하셨습니다. 그래서 모세가 속히 놋뱀을 만들어서 진 밖 장대에 걸어 놓았습니다. 그리고 누구든지 장대에 달린 놋뱀을 쳐다보면 산다고 선포하였습니다. 모세의 말을 믿고 영문 밖에 가서 놋뱀의 모습을 본 사람은 다 살 수 있었습니다.

 여호와께서 불뱀들을 백성 중에 보내어 백성을 물게 하시므로 이스라엘 백성 중에 죽은 자가 많은지라 백성이 모세에게 이르러 말하되 우리가 여호와와 당신을 향하여 원망함으로 범죄하였사오니 여호와께 기도하여 이 뱀들을 우리에게서 떠나게 하소서 모세가 백성을 위하여 기도하매 여호와께서 모세에게 이르시되 불뱀을 만들어 장대 위에 매달아라 물린 자마다 그것을 보면 살리라 모세가 놋뱀을 만들어 장대 위에 다니 뱀에게 물린 자가 놋뱀을 쳐다본즉 모두 살더라 (민 21:6-9)

불뱀에 물려서 다 죽어가는 상황에 장대에 매달린 놋뱀을 쳐다보는 사람은 살아났다고 했습니다. 이것은 십자가 사건에 대한 예표입니다. 그래서 예수님은 요한복음에서 자기 자신이 곧 놋뱀이라고 말씀하셨습니다.

모세가 놋뱀을 만들어 광야에서 들어올려 사람을 살린 것처럼 자기도 놋뱀이 되어 십자가에 달릴 것인데 그렇게 함으로써 자기 백성들을 구원할 것이라고 말씀하고 있습니다. 그리고 뱀처럼 들림 받을 예수님을 바라보고 믿는 자는 누구나 구원받고 영생을 얻을 것이라고 말씀하고 있습니다.

> 모세가 광야에서 뱀을 든 것같이 인자도 들려야 하리니 이는 그를 믿는 자마다 영생을 얻게 하심이니라 (요 3:14-15)

예수님이 거룩한 뱀의 모습이지 않습니까? 거룩한 모습으로 십자가에 달린 것이 아닙니까? 이렇게 예수님께서 십자가에 거룩한 뱀의 모습으로 죽으심으로써 당신의 백성을 구원하신 것입니다. 수많은 하나님의 백성들을 영생의 길로 인도하신 것입니다. 이것이 바로 뱀에 대한 예수님의 반전이라고 할 수 있습니다.

그렇다면 우리도 이제 거룩한 뱀이 되어야 한다는 도전을 받습니다. 예수님이 거룩한 뱀이 되어 수많은 사람을 살렸다면 우리도 그를 닮은 거룩한 뱀이 되어 사람을 살려야 한다는 말입니다.

그 도전의 의미가 무엇입니까? 그 교훈이 주는 의미가 무엇입니까? 우리도 뱀과 같은 지혜를 가져야 한다는 것입니다. 언변에 능해야 합니다. 그렇게 해서 사람을 살려야 합니다. 독성이 들어 있는 살인적인 말을 잘하는 것이 아니라 사람의 영혼을 살리고 심령을 살리는 말을 해야 합니다. 그것을 할 수 있는 거룩한 뱀이 되어야 합니다.

장로님들, 교역자들, 평신도 사역자 여러분들은 이 말씀을 잘 붙잡으시기 바랍니다. 우리 전도하는 성도들도 마찬가지입니다. 양육하고 봉사하는 성도들도 마찬가지입니다. 성령께서 우리에게 말을 잘하는 지혜를 주셔야 합니다. 그리고 그 말로 우리의 성도들을 살려야 합니다. 다시 일으켜야 합니다. 그러기 위해서는 성령님을 의지해야 합니다.

그리고 또 한 가지가 있는데, 내가 죽어야 합니다. 나도 장대에 매달려야 하고 나도 십자가에 못 박혀야 합니다. 내가 안 죽고는 사람을 살릴 수가 없습니다. 내가 죽어야 하나님의 지혜가 역사하고 내가 죽어야 내 속에서 생명이 나가는 것입니다. 그렇지 않으면 나에게서 독성이 있는 언어, 살인적인 언어가 나갈 수 있습니다.

자기를 죽이는 지혜

제가 뱀의 설교를 준비하다가 식사를 하는데 제 아내가 저를 생각해서 삶은 조개를 가지고 왔습니다. 그러나 저는 별로 먹고 싶지 않아서 안 먹었습니다. 그런데 아내가 자꾸 권하는 것입니다. 계속 안 먹겠다고 하는데도 아내가 '일부러 당신 먹으라고 가져왔는데 왜 안 먹느냐'고 하며 자꾸 먹으라고 해서 무심코 하나를 먹었습니다.

저는 워낙 성질이 급해서 무엇을 먹어도 적당하게 씹는 것이 아니라 확실하게 씹어서 먹습니다. 그런데 확실하게 씹다가 그만 첫 번에 돌을 제대로 씹어 버렸습니다. 저는 원래 이가 튼튼한데 돌을 하도 씹어서 왼쪽이 다 상해 버렸습니다. 그래서 이제는 오른쪽으로 힘을 주는데 돌을 꽉 씹어 버린 것입니다. 얼마나 아픈지 저도 모르게 신음소리가 났습니다.

너무 아프다 보니 저도 모르게 아내에게 순간적으로 한 마디 말을 내뱉았습니다. "에이, 재수없는 여자야!" 그러자 아내가 부들부들 몸을 떠는 것입니다. 자기는 남편 생각해서 안 먹고 준 것인데 세상에 돌 좀 씹었다고 재수없는 여자라니, 너무도 기가 차서 막 떠는 것입니다.

제 자신도 모르게 무심코 홧김에 그런 말이 나와 버렸습니다. 그렇게 안 먹겠다고 하는데도 자꾸 먹으라고 해서 그렇게 된 것이니까 제가 정곡을 찌른 말을 한 것은 사실입니다. 자기나 먹지, 왜 안 먹겠다는 사람에게 자꾸 줍니까? 그러나 그 말은 생명이 있는 것이 아니라 독이 들어 있는 말이었습니다.

제가 독성이 있는 말로 아내의 심령에 상처를 주었습니다. 그러니까 아내는 또 집에 들어가서 아들한테 화를 푸는 것입니다. "이놈의 자식아! 공부 안 하고 뭐하고 있어!" 그러니까 우리 아들이 저에게 전화를 해서 엄마가 왜 또 갑자기 난리냐고, 아빠하고 싸웠냐고, 제발 부탁하니까 아빠가 엄마한테 사과하라는 것입니다.

제가 아들의 말을 듣고 아내에게 전화를 걸어 말했습니다. "미안합니다. 내가 실례를 범했습니다. 홧김에 그랬으니 이해해 주세요. 내가 그냥 한번 해본 소리입니다. 당신이 무슨 재수없는 여자요? 복 받은 여자고 복 있는 여자지!" 그리고 이런 노래를 불러 주었습니다.

♪ 너는 담장 너머로 뻗은 나무 가지의 푸른 열매처럼
　하나님의 귀한 축복이 삶에 가득히 넘쳐날거야
　너는 어떤 시련이 와도 능히 이겨낼 강한 팔이 있어
　전능하신 하나님께서 너와 언제나 함께하시니

　너는 하나님의 사람 아름다운 하나님의 사람
　나는 널 위해 기도하며 네 길을 축복할거야
　너는 하나님의 선물 사랑스런 하나님의 열매
　주의 품에 꽃 피운 나무가 되어줘

그때 제가 조금만 참고 죽었더라면 그런 말을 했겠습니까? 이가 아무리 시큼하고 울화통이 확 솟구쳐 온다 하더라도 제가 죽고 참았으면 그런 말을 안 했을 것입니다. 제가 십자가에 완전히 못 박혀 죽었다면 그런 소리를 안 했을 것입니다. 아마 이렇게 말했을 것입니다.

"여보, 괜찮아! 이빨이 시큼해도 괜찮아. 이가 깨지고 썩어도 안 죽고 당신이 살아 있는 것이 고마워. 당신 죽고 돌 안 씹는 것보다 돌을 열 번, 백 번 씹어도 당신 옆에 살아 있는 것이 좋아. 괜찮아, 나 생각해서 먹으라고 한 것 다 알아!"

이렇게 말했으면 제 아내가 은혜와 넘치는 감동을 받았을 것입니다. "세상에 우리 남편 천사다, 성자다!" 하면서 황홀한 눈물을 흘렸을 텐데 제가 덜 죽어서 문제가 된 것입니다. 그러니까 우리도 죽어야 합니다. 진짜 살리는 뱀, 거룩한 뱀, 생명의 뱀이 되기 위해서는 내가 죽어야 합니다.

내가 죽고 내가 그 사람의 모든 스트레스, 모든 십자가, 근심, 염려, 걱정, 상처 다 짊어져야 합니다. 그래야 예수님처럼 사람을 살릴 수 있습니다. 이런 거룩한 뱀이 되어야 합니다. 사람을 살리는 뱀, 사람을 구원하고 사람을 세워주는 거룩한 뱀, 이런 뱀의 지혜와 생명과 능력이 우리에게 있기를 바랍니다.

순결의 상징 비둘기

그러나 아무리 우리가 생명을 살리고 영혼을 살려도 뱀의 이미지라고 하면 무언가 꺼림직하고 흉측한 것 같습니다. 아무리 거룩한 뱀이니, 생명을 살리는 뱀이니, 또 지혜를 주는 뱀이니 해도 뱀 하면 약간 그렇습니다. 아무리 사람을 살리고 구원한다고 해도 뱀은 왠지 지혜만 추구하고 수완만 추구하는 것 같습니다. 그래서 우리 주님은 비둘기같이 순결하라고 하셨습니다.

> 보라 내가 너희를 보냄이 양을 이리 가운데로 보냄과 같도다 그러므로 너희는 뱀같이 지혜롭고 비둘기같이 순결하라 (마 10:16)

뱀같이 지혜로울 뿐만 아니라 비둘기같이 순결하라고 하셨습니다. 유대인들에게 있어서 비둘기는 순결의 상징입니다. 그래서 구약 성경에도 비둘기는 순결의 이미지가 되었고 예수님도 비둘기를 순결의 상징으로 사용하지 않았습니까? 왜 그렇습니까?

비둘기는 새 중에서 가장 순결하고 지조가 있는 새입니다. 다른 새들은, 암·수컷이 짝을 이룬 후에도 마음대로 짝짓기를 합니다. 특별히 제비 같은 새는 자기 짝과 짝짓기를 하다가도 다른 암·수컷을 유혹한다고 합니다. 그래서 사람도 바람둥이를 제비라고 말합니다.

그런데 비둘기는 절대로 그렇지 않습니다. 한 번 짝을 지으면 죽을 때까지 절대로 다른 짝을 유혹하거나 외도를 하지 않습니다. 자기 짝이 죽으면 절대로 비둘기는 재혼하지 않습니다. 아니, 짝이 죽으면 다른 암·수컷과 재혼해서 알을 까고 새끼를 낳아야 하지 않습니까. 그런데 비둘기는 죽은 짝을 그리워하고 연모하고 애절하게 사모하다가 상사병에 걸려 병들어 죽는 것입니다. 이게 바로 비둘기입니다.

산에 가면 애절하게 우는 비둘기 소리가 들릴 때가 있지 않습니까? "구구구구 구구~" 이렇게 우는 비둘기를 보면 '저 비둘기는 짝을 잃었구나'라고 생각하면 됩니다. 그 비둘기는 어차피 죽을 비둘기입니다. 새총이 있으면 빨리 쏘아서 잡아먹으십시오. 비둘기는 아주 깨끗하고 정결한 새입니다. 비둘기는 히브리어로 '요나' 입니다. 먼저 간 님을 위해서 구슬프게 울다가 죽습니다.

요즘 목사님들 중에 70세 전후에 홀아비가 된 분들이 많습니다. 사모님이 돌아가신 지 얼마 안 됐는데 저에게 때때로 전화가 걸려 옵니다. 남의 자녀들은 그렇게 재혼하라는 소리도 안 하고 장가 가라는 소리도 안 하는데 우리 아들은 항상 아버지 새 장가 가라고, 자식들에게 어머니는 평생 어머니지만 아버지에게는 죽으면 남이니까 빨리 재혼하시라고 한다는 것입니다.

그 말이 무슨 뜻입니까? 저한테 빨리 중매 서라는 말이 아닙니까? 제가 "그놈들이 정말 효자네요!" 하면 기분이 좋아서 "그러면 소 목사가 한번 찾아봐!"라고 말합니다.

비둘기 제물

그러나 사실 불편하지만 않다면 우리가 비둘기에게서 배우는 것도 좋을 것 같습니다. 돌아가신 사모님이나 목사님을 생각하면서 구슬프게 울다가 죽는 것이 아름답지 않습니까? 이것이 우리가 비둘기에게 배우는 오매불망 님을 그리워하는 삶이지 않습니까? 그래서 구약 시대에 비둘기를 제물로 드릴 때는 주로 순결과 성결과 연관된 제사에 드렸습니다.

 만일 여호와께 드리는 예물이 새의 번제이면 산비둘기나 집

비둘기 새끼로 예물을 드릴 것이요 (레 1:14)

구약 성경에서 새로 번제를 드릴 때는 반드시 비둘기로 드렸습니다. 그리고 특별히 성결과 순결로 연관될 때는 반드시 비둘기를 드렸습니다.

> 아들이나 딸이나 정결하게 되는 기한이 차면 그 여인은 번제를 위하여 일 년 된 어린 양을 가져가고 속죄제를 위하여 집비둘기 새끼나 산비둘기를 회막 문 제사장에게로 가져갈 것이요 제사장은 그것을 여호와 앞에 드려서 그 여인을 위하여 속죄할지니 그리하면 산 혈이 깨끗하리라 이는 아들이나 딸을 생산한 여인에게 대한 규례니라 (레 12:6-7)

이 말씀이 무슨 뜻입니까? 아기를 낳고 난 다음에 여인들은 반드시 성전에 가서 순결을 상징하는 비둘기를 제물로 드려야 했습니다. 왜 비둘기를 드렸습니까? 한 마디로 순결서약이고 고백 차원에서 비둘기를 드린 것입니다.

이스라엘 백성들은 주로 약혼한 다음에 거의 일 년 후에 결혼을 합니다. 왜냐하면 이스라엘도 우리나라와 같이 옛날에는 연애를 해서 본인의 의사로 결정한 것이 아니라 대부분 부모 마음대로 짝을 지어 결혼했습니다. 그런데 결혼하기 몇 주 전에 부정을 저질러 임신을 했다면 누구 자식인지 어떻게 압니까? 바로 이런 것을 방지하기 위해서 약혼을 합니다.

약혼 기간에는 서로 외도를 하지 않습니다. 약혼 기간에는 서로 몸을 깨끗하게 하고 정결케 하고 결혼을 준비하는 것입니다. 그러고 나서 자식을 낳아야 그 자식이 자기 남편 자식이라는 것이 증명될 것이 아닙니까? 같이 잠자리도 안 가졌는데 아기가 나오면 그것은 분명히 남의 자식입니다. 또 약혼하고 나서 일 년 동안에는 몸을 정결하게 했습니다.

그런데 어떻게 해서 결혼하기 일주일 전에 눈이 맞은 놈이 있다고 합시다. 장동건같이 키가 크고 멋있는 놈과 순간적으로 눈이 맞아서 몸을 더럽히고 말았습니다. 그러면 결혼해서 남의 아이가 나올 것이 아닙니까?

그래서 모든 여자들은 아기를 낳은 후에 성전에 가서 비둘기를 드렸습니다. 이 비둘기는 하나님 앞에서 자신의 순결함을 증명하는 제물이었습니다. "이 아이야말로 조금 일찍 나왔건, 조금 늦게 나왔건 반드시 내 남편의 아이입니다. 하나님, 분명히 남편의 자식인 걸 잘 아시지 않습니까? 저는 정말 순결합니다." 이런 고백과 선포와 서약의 의미에서 비둘기를 드렸던 것입니다.

또한 이것은 남편 앞에서 순결을 고백하고 선포하는 의미를 갖고 있습니다. "나는 당신 앞에 순결합니다. 이 아이는 바로 당신의 아이입니다. 하나님 앞에서 떳떳한 사람입니다. 저는 순결을 끝까지 지켰습니다." 이런 의미에서 비둘기를 드렸다는 말입니다.

그러므로 여기서 말하는 순결함은 하나님 앞에서의 순결함이면서 동시에 상대에 대한 순결함입니다. 그리고 지금까지만의 순결함을 고백한 것이 아니라 앞으로 미래까지 순결하게 살겠다는 순결 서약과 순결 서원의 표시입니다. 그것을 위해 비둘기를 드렸습니다. 그때 우리 하나님은 그 여인을 깨끗하게 해주시고, 복을 주시는 것입니다.

주님은 구약의 비둘기에 대한 순결함의 이미지를 제자들에게 사용하셨습니다. 이러한 구약 성경의 관례를 제자들의 순결 교육에 십분 이용한 것입니다. 어떻게 이용하고 적용했습니까?

너희들이 세상을 살면서 지혜롭게 처신을 하고, 지혜로운 말과 언변과 능력을 가지고 사람을 살리되 순결만큼은 지켜라. 너희들이 뱀, 아니 지혜롭고 간교한 뱀, 아니 그보다도 더 간교할 정도로 지혜로운 모사꾼이 되어라. 아니, 너희들이 사람을 살리는 거룩한 뱀이 되거라. 나는 그런 지혜와 능력을 가지고 있는 사람을 좋아한다. 그러나 순결만큼은 지켜라. 제발 상대에 대한 순결을 지키면서 지혜와 능력을 가지거라.

그러면 상대가 누구입니까? 바로 주님입니다. 아무리 우리가 능력이 있고 수완이 좋고 지혜가 있어도 예수 그리스도에 대한 순결만큼은 있어야 한다는 말입니다. 예수 그리스도에 대한 순결이 더 중요하단 말입니다.

"내가 너희를 주의 종으로 세상에 파송한다. 세상에 나가서 마음껏 능력 있게 복음을 전해라. 그러나 제발 마음만큼은 세상에 빼앗기지 말아라. 나에 대한 순결과 순정은 끝까지 지켜 주어야 한다. 누구처럼? 바로 비둘기처럼 말이다!" 바로 이런 말입니다. 그러므로 우리는 주님 앞에 순결을 중요하게 생각해야 합니다. 순결을 생명처럼 여겨야 합니다.

주님은 제자들에게 이처럼 순결 서약을 받고 싶어하셨습니다. 그러므로 우리도 주님께 순결해야 합니다. 정결해야 합니다. 우리도 하나님 앞에 순결을 고백하고 순결 서약을 해야 합니다. 또한 순결 감사를 해야 합니다.

우리에게 순결이 얼마나 중요한지 아십니까? 능력이나 수완보다, 아니 지혜보다 중요한 것이 순결입니다. 아니 생명보다 중요한 것이 순결입니다. 그러니까 우리가 순결을 위해서 목숨도 버리지 않습니까? 신앙의 지조와 순결을 지키기 위해 목숨을 버리지 않습니까?

우리의 최종적인 목표는 순결입니다. 주님 앞에 목숨 걸고 지켜야 할 것이 순결입니다. 그렇습니다. 우리에게는 지혜도 중요합니다. 수완도 중요합니다. 성공도 중요합니다. 능력도 중요합니다. 축복도 중요합니다. 그러나 그보다 중요한 것이 무엇입니까? 순결입니다.

만약 배우자가 수완도 좋고 지혜도 있고 능력이 많아서 돈도 많이 벌어오지만 한 가지 단점이 있어서 바람을 핀다면 어떻습니까? 그런 사람이 좋습니까? 그러나 조금 무능하고 지혜도 없고, 더구나 수완도 없습니다. 좀 우둔합니다. 그런데 오로지 가정에 충실합니다. 그렇게 몸과 영혼이 순결할 수 없습니다. 깨끗합니다. 돈 주고 바람 피우라고 해도 절대로 피우지 못합니다. 과연 어느 쪽이 좋겠습니까?

수완과 능력이 있으면서 불결한 배우자가 좋습니까? 아니면 조금 무능하고 우둔해도 순결하고 깨끗한 배우자가 좋습니까? 누가 좋습니까? 깨끗한 배우자가 좋습니까? 물론 그렇겠지요. 그러나 우리 주님은 두 가지를 다 갖추라고 하십니다. 지혜와 수완이 있으면서도 순결하기를 원하십니다.

물론 둘 중에 어느 것이 더 크냐 하는 것은 다른 문제입니다. 그러나 우리 주님은 여러분이 지혜와 능력과 수완을 가지고 생명을 전하는 사역을 하기를 원하십니다. 생명 살리기를 원하십니다. 그러면서 동시에 순결한 주의 신부가 되라는 것입니다. 그래서 바울은 고린도 교회 교인들을 향하여 "너희를 정결한 처녀로 남편 되신 그리스도께 중매를 한다"고 하지 않았습니까?

> 원하건대 너희는 나의 좀 어리석은 것을 용납하라 청하건대 나를 용납하라 내가 하나님의 열심으로 너희를 위하여 열심을 내노니 내가 너희를 정결한 처녀로 한 남편인 그리스도께 드리려고 중매함이로다 그러나 나는 뱀이 그 간계로 하와를 미혹한 것같이 너희 마음이 그리스도를 향하는 진실함과 깨끗함에서 떠나 부패할까 두려워하노라 (고후 11:1-3)

무슨 말씀입니까? 세상에 마음을 빼앗기지 말고 순결한 주의 신부가 되라는 것입니다. 즉 거룩한 뱀이 되고 순결한 비둘기가 되는 것입니다.

하나님은 우리에게 기대하시는 것이 있습니다. 우리 주님께서 간곡하게 바라시는 것이 있습니다. 거룩한 뱀이 되는 것입니다. 순결한 비둘기가 되는 것입니다. 그럴 때 하나님은 우리에게 복을 주십니다. 이런 사람을 높여주시고 존귀하게 써주십니다.

우리는 이 말씀을 붙잡고 지혜로운 하나님의 종이 되고, 능력 있는 성도들이 되어야 합니다. 이 험난한 세상, 이 어려운 세상, 회오리치는 세상, 폭풍우가 휘몰아치는 세상에서 하나님의 수완과 지혜로 승리하여야 합니다. 아니, 거룩한 뱀이 되어서 사람을 살리고 생명을 살리는 우리가 되어야 합니다. 그리고 주님 앞에 순결을 지켜야 합니다. 순결한 신부가 되어야 합니다. 어떤 경우에도 세상에 마음 빼앗기지 않고 정결한 신부가 되어야 합니다.

♪ 내 마음에 주를 향한 사랑이
　나의 말엔 주가 주신 진리로
　나의 눈에 주의 눈물 채워 주소서

　내 입술에 찬양의 향기가
　두 손에는 주를 향한 섬김이
　나의 삶에 주의 흔적 남게 하소서

　하나님의 사랑이 영원히 함께하리
　십자가의 길을 걷는 자에게
　순교자의 삶을 사는 이에게

　조롱하는 소리와 세상 유혹 속에도
　주의 순결한 신부가 되리라
　내 생명 주님께 드리리

하나님의 기대 ❺

귀한 그릇으로 빚음 받으라

디모데후서 2장 20-22절

우리는 귀한 그릇이 되어야 합니다. 환난을 만나면 만날수록 오히려 강해져야 합니다. 어지간한 시험에도 깨지지 않고 철장의 시험에도 깨지지 않아야 됩니다. 오히려 불을 만나면 만날수록 더 강해지고 빛이 나야 합니다. 이 얼마나 멋있는 신앙입니까? 하나님께서 보실 때도 이 금그릇이 얼마나 귀하겠습니까? 너무나 귀한 존재이고 귀하게 쓰시지 않겠습니까? 성경은 우리에게 금그릇 성도가 됨과 동시에 귀한 그릇으로 쓰임 받아야 함을 요청하고 있습니다. 그렇다면 이렇게 금그릇이 귀하고 가치있게 쓰임 받는 그릇이라면 우리가 어떻게 해야 금그릇이 되고 귀한 그릇이 될 수 있을까요? 성경은 말합니다. 우리가 깨끗해야 한다는 것입니다. 그래야 귀한 그릇이 되고 귀하게 쓰임 받는다는 것입니다.

우리 하나님은 기대하시는 하나님입니다. 그 하나님께서 오늘 우리에게 기대하시는 것이 하나 있습니다. 그것은 우리 모두가 다 귀한 그릇이 되는 것입니다. 성경은 메타포(metaphor, 은유)적인 표현을 할 때가 많습니다. 그래서 성도를 백향목이나 종려나무 같은 나무로 비유할 때도 있고, 양이나 비둘기 같은 짐승으로 표현하기도 합니다. 또 그릇으로 비유할 때가 있습니다.

주께서 이르시되 가라 이 사람은 내 이름을 이방인과 임금들과 이스라엘 자손들에게 전하기 위하여 택한 나의 그릇이라 (행 9:15)

사도 바울도 하나님께서 그릇으로 표현하시지 않았습니까? 디모데후서 2장 20-22절에서도 우리를 그릇으로 비유했습니다. 하나님의 나라를 큰 집으로 비유했고, 우리를 그 집안에 있는 그릇으로 비유한 것입니다.

큰 집에는 금 그릇과 은 그릇뿐 아니라 나무 그릇과 질그릇도 있어 귀하게 쓰는 것도 있고 천하게 쓰는 것도 있나니 그러므로 누구든지 이런 것에서 자기를 깨끗하게 하면 귀히 쓰는 그릇이 되어 거룩하고 주인의 쓰심에 합당하며 모든 선한 일에 준비함이 되리라 또한 너는 청년의 정욕을 피하고 주를 깨끗한 마음으로 부르는 자들과 함께 의와 믿음과 사랑과 화평을 따르라 (딤후 2:20-22).

큰 집에는 여러 종류의 그릇이 있습니다. 크게 두 가지로 구분할 수 있는데 귀하게 쓰는 그릇과 천하게 쓰는 그릇입니다. 그런데 하나님께서는 우리 모두가 귀하게 쓰임 받는 그릇이 되기를 원하십니다. 귀하게 쓰임 받는 우리 모두가 되기를 바랍니다. 자, 그러면 어떤 그릇이 귀한 그릇이며, 어떻게 해야 귀한 그릇으로 쓰임을 받겠습니까?

그릇의 질에 따라서 결정이 됩니다.

그릇이 만들어질 때 재료가 어떤 것이냐에 따라 귀한 그릇과 천한 그릇으로 나누어집니다.

(1) 질그릇

질그릇은 재료가 흙입니다. 그래서 유대인들은 질그릇을 불결하고 약하다고 생각했습니다.

유대인들은 땅 자체를 불결하게 생각했습니다. 특히 레위인들은 시체를 부정하게 생각했습니다. 사람이 죽으면 시체를 땅에 묻습니다. 그러면 그 송장 썩은 물과 짐승의 썩은 액체가 땅으로 스며듭니다. 그래서 땅을 부정하게 생각한 것입니다.

땅을 부정하게 생각하다 보니까 유대인들은 신체 중 가장 부정한 것이 발이라고 생각합니다. 불결하고 부정한 땅에 제일 많이 접촉하는 기관이 발이기 때문입니다. 그래서 유대인의 중요한 관습 중 하나가 발을 씻는 것이었습니다. 손보다 먼저 씻는 것이 발이었습니다. 이것이 유대인의 정결법 중 하나입니다. 그만큼 발이 땅을 많이 밟고 왔으니까 부정해지고 더러워졌다는 것입니다.

발을 씻은 다음에는 손을 씻었습니다.

> 마리아는 지극히 비싼 향유 곧 순전한 나드 한 근을 가져다가 예수의 발에 붓고 자기 머리털로 그의 발을 닦으니 향유 냄새가 집에 가득하더라 (요 12:3)

이런 이유 때문에 유대인들은 1차, 2차로 두 번 나누어 장례식을 치릅니다. 사람이 죽으면 일단 무덤에 묻습니다. 물론 이스라엘은 돌무덤인데, 사람이 죽으면 그대로 무덤에 시체를 둡니다. 그렇게 두면 살이 다 썩을 것이 아닙니까? 시체가 썩으면서 나오는 물은 땅으로 흡수됩니다. 그러면 유대인들은 다시 뼈만 추려서 장례를 치릅니다. 시체 중에서도 흙으로 빠져나가는 살은 부정하고 뼈가 더 귀하다는 것입니다. 이처럼 땅이나 흙을 부정하게 생각했습니다.

그러다 보니 유대인들은 질그릇도 부정하고 불결한 그릇으로 생각했습니다. 질그릇은 흙으로 만들어졌기 때문입니다. 더구나

이 질그릇은 잘 깨집니다. 너무나 약합니다. 그래서 유대인들은 질그릇을 천박한 그릇으로 생각했습니다. 천박한 그릇으로 생각하다 보니 성경에서도 질그릇이 그런 이미지로 나옵니다. 아무 때나 함부로 깨는 상황을 설명할 때 등장합니다. 질그릇을 철장으로 깨부수는 표현이 나옵니다.

> 네가 철장으로 그들을 깨뜨림이여 질그릇같이 부수리라 하시도다 (시 2:9)

> 그가 철장을 가지고 그들을 다스려 질그릇 깨뜨리는 것과 같이 하리라 나도 내 아버지께 받은 것이 그러하니라 (계 2:27)

이와 같이 질그릇은 천합니다. 그런데 이 질그릇이 천하고 싸구려라고 하는 개념은 우리나라와 똑같습니다. 옛날에 질그릇을 방 안에 두는 사람이 어디 있습니까?

질그릇 이야기가 나올 때마다 제가 안 빠뜨리고 하는 이야기가 있습니다. 옛날에 제가 어렸을 때 우리 어머니 아버지가 참 많이 싸웠습니다. 왜 그렇게 싸웠는지……, 부부 궁합이 안 맞아서 그런지 아무튼 많이 싸웠습니다.

저희 작은아버지 때문에도 많이 싸웠습니다. 당시 작은아버지가 사업을 하고 계셨는데, 일본을 왕래하면서 사업을 할 정도로 똑똑하신 분이었습니다. 그리고 사업도 크게 잘 하셨습니다. 그런데 그 잘나가던 사업이 망했습니다. 잘나갈 때 번 돈으로 형님인 우리 아버지도 도와주고 나 같은 사람도 도와줬으면 얼마나 좋았겠습니까?

그런데 하루아침에 망해서 빚만 잔뜩 남기고는 서울로 도망을 가버렸습니다. 아버지가 집안의 장손이고 큰아들이다 보니까 제일 많이 책임을 져야 했습니다. 형제들이 모여서 의논한 끝에 논과 밭을 팔아서 급한 불은 껐습니다. 아무래도 큰아들이다 보니 우리 아버지가 논과 밭을 제일 많이 팔았습니다. 동생 때문에 가산을 거의 다 팔았으니 아버지 가슴이 얼마나 미어졌겠습니까?

그때 어머니께서 아버지에게 이렇게 위로했으면 얼마나 좋았을까요? "영감, 비록 형제간의 일 때문에 논과 밭은 팔았어도 나는 우리 영감이 존경스러워요. 당신 마음씨 하나는 대단합니다. 그 착한 마음과 공덕 때문에 하늘에서 당신에게 반드시 복을 주고 보호해 줄 것입니다. 우리 힘들어도 열심히 일하면서 절약하며 삽시다. 형제간도 알고 보면 다 남인데 남을 위해 좋은 일 했다고 치면 하늘이 감동해서 복을 줄 것 아니겠습니까?" 그랬더라면 아버지도 눈물을 흘리며 어머니한테 오매불망 잘 했을 것 아닙니까? 우리 마누라가 최고라고, 우리 할망구가 최고라고 말입니다.

사실 남편들이 좀 엉뚱한 짓을 할 때도 있습니다. 혹시 형제를 돕고 부모님을 돕는다고 그럴 수도 있습니다. 또 약간 미쳐서 교회에 헌금을 왕창 할 수도 있습니다. 아내들은 남편이 그런 짓을 해도 웬만하면 칭찬해 주어야 합니다. 당신의 그 마음이 참 아름답다고, 하나님이 복 주실 것이라고 말씀해 보십시오.

남편들도 마찬가지입니다. 가끔 아내들이 정신을 못 차리고 헌금을 왕창 해버릴 수 있습니다. 옥합을 깨뜨려 버린 것입니다. 그러면 칭찬 좀 해주십시오. 나하고 의논 안 하고 한 것은 섭섭하지만, 당신의 그 마음과 행위는 하나님이 아시고 복 주실 것이라고 말입니다. 나는 당신의 그 마음과 행위에서 은혜 받고 도전 받았다고, 존경한다고 말입니다.

아! 이렇게 살아가면 얼마나 좋습니까? 서로가 얼굴 붉히고 싸우며, 전쟁할 일이 뭐가 있겠습니까? 오히려 눈물을 글썽이면서 감격의 눈빛과 뜨거운 목젖으로 사랑의 노래를 할 것입니다.

그런데 우리 어머니는 그러지를 못했습니다. 아침부터 저녁까지 어머니는 매일 선악과만 땄습니다. 그 썩을 놈의 형제 때문에 이렇게 고생한다고, 형제 하나 잘못 두어서 세상에 내 팔자가 이게 무엇이냐고, 이놈의 집구석 삐약삐약 크는 새끼들 때문에 나가지도 못한다고, 아침부터 저녁까지 선악과를 따는 것입니다.

지금도 제 기억에 그런 모습이 훤합니다. 비가 오지 않아도 저

수지에서 물이 내려와서 농사를 지을 수 있는 좋은 논 다 팔고, 미내미 논, 동도리 논, 뒤뜰 논 다 팔아 버리고 천수답 몇 마지기 가지고 농사를 지었습니다.

초등학교 때인데 어느 해 봄에 비가 안 와서 모내기를 못하고 있었습니다. 논 바닥을 호미로 파서 모를 심을 정도가 되었습니다. 산속에서 자갈자갈 흘러 내려오는 물을 받아서 물지게로 아버지가 옮겨와서는 논에 붓고 호미로 파서 모를 심었습니다. 그러니까 우리 어머니가 웁니다. 그 좋은 논 다 두고 이런 논에 모를 심는다고 말입니다. 그 썩을 놈, 염병할 놈의 형제 때문에 온 식구가 다 고생한다고 우는 것입니다.

그러면 아버지는 기가 팍 죽어서 물지게로 물을 길어다 논에 부으면서 말 한마디도 못 하십니다. 허리가 끊어지게 일하면서도 자기 형제 때문에 그랬으니 말도 못하고 일만 하시는 것입니다. 저의 형님들이나 누나들도 아무 소리를 못했습니다.

당시 제가 초등학교 1학년이나 되었을 것 같습니다. 이 대견스러운 아들이 이렇게 말을 했습니다. "어머니, 지나간 일 탓해봤자 뭐할 것입니까? 어머니, 그렇게 팔자 탓하고 작은아버지 욕해서 뭐합니까? 지금 농사라도 잘 지어야 우리 식구 안 굶어 죽지! 지금이라도 하늘이 비 내려 주면 안 굶어 죽고 우리 식구 살 수 있습니다!"

그러니까 이놈의 자식, 막내 자식은 언사도 좋고 성격도 좋다고 칭찬합니다. "네가 커서 뭣이 되려고 그렇게 성격도 좋고 언사도 좋다냐?" 여러분! 오늘 이렇게 대한민국의 목사가 되려고 그렇게 한 것이 아니겠습니까. 우리 5남매가 침울하고 침통할 때, 막내인 저는 이렇게 어머니를 달래드렸습니다.

어머니에게 죄인이었던 아버지는 열심히 일했습니다. 겨울에도 한 번도 쉬지 않고 산에 가서 땔감 나무를 해오고, 그리고는 어머니 주무시는 방에 불을 때주었습니다. 그런데 할머니가 계셔서 할머니와 아버지가 함께 주무시고 어머니는 우리 형제들과 같이 주무셨습니다.

아버지는 할머니에게 효도한다고 한 일이지만 당시 어머니에게는 미움 받을 짓이었습니다. 할머니가 할아버지를 일찍 잡아 잡수셨으니까 할머니도 한이 맺혀 어머니에게 시집살이를 시킨 데다가 저녁엔 아버지까지 차지하시는 것입니다. 그러면 아버지는 그게 효도라고 할머니 곁에서 주무시는 것입니다. 옛날에는 효도가 뭔지…… 아무튼 그랬습니다.

어머니는 새끼들 줄줄이 거느리고 주무셨습니다. 커보니까 어머니의 불만이 당연하다는 생각이 들었습니다. 남편이라는 사람이 마누라는 뒷전으로 하고 자기 어머니만 챙기니 얼마나 마음이 아팠겠습니까? 말로는 표현을 다 안 하셨지만 어머니의 내적인 욕구 불만이 많았을 것 아닙니까?

그래도 아버지는 양심이 있었습니다. 겨울에 군불도 때주고, 소죽도 끓이고, 제사 돌아오고 큰 일 돌아오면 물지게로 물도 길어주고, 떡방아도 다 찧어 주었습니다. 아버지는 강골 중의 강골이었습니다. 제가 보기에 아버지는 평생 이도 한번 닦아본 적이 없었지만 치과에 간 적도 없었습니다. 밥도 잘 드시고 건강하셨습니다.

그렇게 충성스럽고 마누라에게 죄송한 마음이 가득했던 우리 아버지도 어디서 술만 드셨다 하면 술주정이 보통이 아니었습니다. 평소에 속에 있었던 스트레스를 마구 토설하고 발설하는 것입니다. 그래서 술취한 날에는 아버지가 어머니에게 싸움을 걸어오십니다. 온 동네가 쩌렁쩌렁 울리도록 소리를 고래고래 지르면서 괜히 시비를 거는 것입니다.

마당에 와서 새끼들 인사 안 하면 안 한다고 화를 내니까, 아버지가 술 취해서 들어오시면 제가 아들들을 대표해서 제일 먼저 뛰어나가 인사하고 주무시라고 말을 했습니다. 그러면 아버지는 이제 어머니에게 소리를 치는 것입니다. "어이, 대산 댁, 대산 댁은 대감 딸이고 정승 딸이여. 도도하고 자존심도 강하고 말여. 자존심 강한 여자, 한번 나와봐……."

아버지가 이렇게 소리를 치면 어머니가 작은집이나 이모 댁으로 빨리 피해 버리거나 아니면 살살 달래거나 해야 하는데 그러지를 않았습니다. 아버지 말에 질세라 어머니도 "그려, 나는 대감 딸이고 정승 딸이여! 그려, 나는 도도한 여자여! 그러니 어쩔 것이여!" 하고 맞짱을 뜨는 것입니다. 그만큼 서로가 울분이 쌓였다는 것입니다. 동생에게 재산 날린 것 때문에 말입니다. 아무튼 어머니가 그렇게 대들어서 싸움이 시작되곤 하였습니다.

아내들은 남편들에게 제발 대들지 마십시오. 사실 저는 어머니가 아버지한테 대드는 모습을 보면서 어머니를 싫어할 때가 많았습니다. 그런데 아버지는 술기운에도 어머니를 때리지는 않았습니다. 밀어뜨리는 것은 봤는데 때리지는 못합니다. 그러면 그때 제가 아버지 다리를 붙잡고 말합니다. "아부지! 제발 방에 들어가서 자시오. 우리 친구 아부지들은 술 묵으면 다 잡디다. 그러니 주무시요!"

그러나 아버지가 어머니에게 화를 못 푸니까 절구대를 가지고는 장독대로 갑니다. "이놈의 집구석 다 부서뜨려 버린다" 하면서 장독단지 하나를 먼저 깹니다. 그러면 어머니가 가서 "아이고! 영감 참아요. 내가 잘못했구먼요!" 하면 얼마나 좋습니까. 그런데 어머니는 "그래, 다 깨버려라. 된장, 간장 단지까지 다 깨라. 이 집구석 망하게 다 깨버려라!" 하고 소리칩니다.

그러면 아버지는 자존심이 상해서 "내가 못 깰 것 같으냐?" 하며 장단지들을 마구 깨버리는 것입니다. 그래서 한번은 간장을 담아놓은 항아리가 깨져서 간장이 마당까지 흘러 도랑을 만들었지 뭡니까. 그때 형님 누나들은 무서워서 다 도망을 갔습니다.

그러나 저는 그런 아버지 손을 붙잡고 말했습니다. "이거 깨서 뭐하실라요. 아버지는 진짜 우리 집이 망하기를 바라시는 것입니까? 이러시면 우리가 부모님께 뭘 배우겠냐고요!" 그러면 아버지가 너는 애비 편이냐, 니 에미 편이냐며 물어보십니다. 그러면 저는 어머니 편도 아니고 아버지 편도 아니고 두 분 모두의 편이라고 말하면서 아버지를 진정시켰습니다.

아이든 어른이든 울 때는 달래주는 것이 좋습니다. 안 달래주면 억지로라도 더 웁니다. 우는 것 그치려다가도 그칠 명분이 없으니까 계속 웁니다. 애나 어른이나 구실이 있어야 그만 울음을 그칩니다. 그래서 제가 아버지에게 구실을 준 것입니다. 그러니까 우리 아버지는 막내 때문에 참는다면서 제 핑계를 대며 그만두셨던 것입니다.

요즘도 그때 그 시절이 아련하게 떠오릅니다. 작은아버지 때문에 죽도록 고생했던 그 시절이 말입니다. 그때 작은아버지는 마장동으로 도망을 갔다고 했습니다. 거기서 조그마한 가게를 운영하면서 살았다고 합니다. 그래서 지금까지도 제게는 마장동에 대한 이미지가 안 좋습니다. 마장동 하면 지금도 저는 알레르기 반응을 일으킵니다. 그래서 그랬는지 예전에 마장동에서 집회 요청을 받았는데 이상하게 일이 꼬여서 안 갔습니다.

아무튼 질그릇 하면 우리 아버지가 부부싸움에 화가 나서 장독단지를 깨뜨리던 기억이 납니다. 장독단지는 질그릇이라서 조금만 힘을 가해도 그냥 깨져버리는 특성이 있습니다. 그래서 질그릇은 귀한 그릇이 될 수가 없습니다. 질그릇은 싸구려입니다. 그래서 부부싸움 하던 날 깨뜨려버린 장독단지를 아버지는 다음날 장에 가서 사오셨습니다.

이처럼 질그릇은 귀한 그릇이 아닙니다. 천한 그릇입니다. 그러나 질그릇보다는 나무그릇이 더 귀하고, 나무그릇보다는 은그릇이 더 귀합니다. 그리고 은그릇보다는 금그릇이 더 귀하지 않겠습니까? 물론 나무그릇이 질그릇보다는 귀합니다. 왜냐면 질그릇은 잘 깨지지만 나무그릇은 잘 안 깨지기 때문입니다.

우리 신앙도 마찬가지입니다. 신앙의 재질이 별로 좋지 않으면 우리도 자칫 잘 깨진다는 말입니다. 아무것도 아닌 것에 시험 들어 넘어지고 삐지고 불평하고 원망합니다. 하루도 바람 잘 날이 없습니다. 왜 그렇게 잘 깨지는지 모릅니다. 조금만 마음에 거슬리면 교회 안 나온다고 합니다. 성가대, 주일학교 교사, 구역장도 안 한다고 합니다. 아무 것도 아닌 것 가지고 말입니다. 이것이 질그릇 성도입니다.

신앙의 재질이 천박하고 저질스러우면 그렇게 항상 넘어지고 자빠지고 시험 들게 되어 있습니다. 그러므로 우리는 질그릇 성도가 되어서는 안 됩니다. 천박한 신앙을 탈피하고 금그릇 같은 귀한 신앙 가지고 하나님이 주신 사명을 잘 감당해야 하겠습니다.

(2) 나무그릇

나무그릇은 웬만한 충격에도 잘 안 깨집니다. 어린 시절 우리 집에는 제사가 굉장히 많았습니다. 제사가 많으니까 한 가지 좋은 것은 떡을 자주 먹는 것이었습니다. 그래서 제가 이 떡 때문에 우리 동네에서 대장 노릇을 많이 하였습니다. 떡을 많이 나눠 주었기 때문입니다. 물론 훔쳐서 나눠준 것입니다. 그러니까 저는 싸움을 안 하고도 떡 가지고 대장 노릇한 사람입니다.

제가 어떻게 어머니도 모르게 떡을 훔친 줄 아십니까? 제사지낸 다음날 떡 심부름을 제가 많이 했습니다. 어머니가 나무그릇에 떡을 싸서 여러 집에 갖다 주라고 하면 누나들은 어머니 돕느라 바쁘고, 형들은 창피하다고 안 하니까 제가 다 하게 된 것입니다. 그러면 이모네 집, 아랫집, 윗집 등 동네 집집마다 떡 배달을 다닙니다. 그때 떡을 그릇에서 조금씩 살짝 빼가지고는 신문지에 싸서 문 앞에 두었다가 그것을 회관에 가져가서 아이들에게 나눠주었습니다.

그때 우리 집은 언덕배기에 있었습니다. 그래서 빨리 심부름을 다녀오려고 신나게 뛰어 내려가다가 돌부리에 걸려 사정없이 나뒹굴 때도 많았습니다. 그러면 떡을 담은 나무그릇이 데굴데굴 굴러가서 구정물이 흘러가는 도랑에 빠져 있는 것입니다. 그리고 떡은 길바닥에 이리저리 흩어져 있습니다. 다행히 나무그릇은 기스가 나도 절대 깨지지는 않습니다. 옷에 닦으면 되는 것입니다. 또 떡은 대강 털어서 다시 나무그릇에 담아 가져다 줍니다.

그러면 우리 아랫집에 사는 오국 아지매가 뭐라고 하는지 아십니까? "강석아! 너는 어쩌면 이렇게도 심부름을 잘하냐? 너는 커서 뭐가 되려고 이렇게 잘 한다냐?" 하고 칭찬해 주셨습니다. 제가 어릴 때 성격이 좀 싹싹해서 칭찬을 많이 들었습니다.

그래도 땅에 떨어진 떡을 다시 담아 가지고 간 것이 미안해서 제가 또 이렇게 말을 하지 않았겠습니까? "아지매! 어머니가 그러는데요. 이번에 한 떡에는 싸래기가 조금 들어갔대요. 그래서 돌이 있을지 모르니 조심해서 드시라고요." 아니나다를까 이튿날 우리 집에 오국 아지매가 와서는 "대산댁! 이번 떡은 이상하게 돌이 많데!"라고 하는 것입니다.

어쨌거나 나무그릇은 잘 안 깨집니다. 나무그릇은 질그릇보다 귀한 그릇이라고 할 수 있습니다. 그러나 나무그릇도 금그릇에 비하면 귀하다고 할 수 없습니다. 나무그릇이 우선 쓰기는 좋고 깨지지도 않지만 불만 닿으면 금방 타버립니다.

이 나무그릇 같은 사람은 싹싹합니다. 봉사 정신도 강하고 충성도 잘합니다. 또 쓰기도 편합니다. 그런데 불 같은 시험을 만나면 금방 타버립니다. 제 서재에 불이 난 적이 있는데 나무로 된 것은 금방 타버렸습니다. 그러므로 나무그릇은 아주 귀한 그릇이라고 할 수가 없습니다.

나무그릇 같은 성도는 아무리 하나님께 쓰임받고 목사가 쓰기 편해도 불 같은 시험과 환난을 당하면 금방 타버리고 넘어져 버립니다. 불에 나무가 약한 것처럼 말입니다. 그러므로 이런 성도는 불 같은 역경과 시험에 약합니다. 그렇게 믿음이 좋고, 충성 잘하고, 봉사 잘하고 해도 역경이나 환난이 오면 금방 쓰러져버립니다. 환난이 오고 핍박이 오면 불 같은 시험에 금방 타버립니다. 그러니까 귀한 그릇이라고 말할 수 없습니다.

♪ 불같은 시험 많으나 겁내지 맙시다
　구주의 권능 크시니 이기고 남겠네

　금보다 귀한 믿음은 참 보배되도다
　이 진리 믿는 사람들 다 복을 받겠네

(3) 금그릇

　금그릇은 재질도 귀하지만 불 같은 시험을 만날수록 빛이 납니다. 용광로에 들어갈수록 더 순수하고 더 깨끗해집니다. 더 반짝입니다. 그러니 얼마나 금그릇이 귀합니까? 불을 만나면 만날수록 그 가치가 빛나니 금그릇이 얼마나 귀한 그릇입니까?

　우리도 이와 같이 귀한 그릇이 되어야 합니다. 환난을 만나면 만날수록 오히려 강해져야 합니다. 어지간한 시험에도 깨지지 않고 철장의 시험에도 깨지지 않아야 됩니다. 오히려 불을 만나면 만날수록 더 강해지고 빛이 나야 합니다. 이 얼마나 멋있는 신앙인입니까? 하나님께서 보실 때도 이 금그릇이 얼마나 귀하겠습니까? 너무나 귀한 존재입니다. 그래서 오늘 성경은 우리에게 금그릇 성도가 됨과 동시에 귀한 그릇으로 쓰임 받아야 함을 요청하고 있습니다.

　그렇다면 이렇게 금그릇이 귀하고 가치있게 쓰임 받는 그릇이라면 우리가 어떻게 해야 금그릇이 되고 귀한 그릇이 될 수 있을까요? 성경은 말합니다. 우리가 깨끗해야 한다고 말씀합니다. 그래야 우리가 귀한 그릇이 되고 귀하게 쓰임 받는다는 것입니다.

　　　그러므로 누구든지 이런 것에서 자기를 깨끗하게 하면 귀히 쓰는 그릇이 되어 거룩하고 주인의 쓰심에 합당하며 모든 선한 일에

준비함이 되리라 (딤후 2:21)

자기를 깨끗하게 해야 하나님이 금그릇이 되게 하고 귀한 그릇이 되게 한다고 하시지 않았습니까? 그러면 깨끗하다는 것이 무슨 말입니까? 우리 육신의 정욕을 제하고 순결하고 깨끗한 마음으로 주님을 섬기라는 말입니다.

또한 너는 청년의 정욕을 피하고 주를 깨끗한 마음으로 부르는 자들과 함께 의와 믿음과 사랑과 화평을 따르라 (딤후 2:22)

우리는 깨끗하게 살아야 됩니다. 우리 영혼과 육신과 마음이 깨끗해야 됩니다. 요셉을 보십시오. 청년의 정욕을 피하고 끝까지 보디발의 아내의 유혹에 넘어가지 않았을 때 얼마나 귀한 그릇이 되었습니까? 끝까지 자기 몸을 더럽히지 않고 청결하게 유지하였을 때 그가 얼마나 하나님 앞에 귀한 그릇으로 쓰임 받았습니까?

사무엘을 비롯하여 다윗, 다니엘, 사드락, 메삭, 아벳느고도 마찬가지입니다. 그들이 성결한 신앙을 지켰을 때 하나님께 귀하게 쓰임을 받았습니다.

그러나 삼손을 보십시오. 처음에는 능력이 있고 귀하게 쓰임을 받았습니다. 그런데 들릴라의 유혹에 넘어갔을 때 그는 천한 종이 되고 질그릇같이 깨졌습니다. 질그릇이 박살나듯이 그의 삶이 비참해지고 굴욕적인 결과를 맞이했습니다.

그러므로 금그릇이나 귀한 그릇은 깨끗해야 됩니다. 우리 신앙의 재료가 성결하고 청결해야 됩니다. 깨끗함과 순결함이 우리 신앙의 재료가 되어야 합니다. 신앙의 지조와 청초함이 우리 신앙의 재료가 되어야 합니다.

몇 년 전 총회 때 이런 일이 있었습니다. 저희 노회의 어르신들을 모시고 노회에 참석했는데 총회를 하는 인근지역에 마땅한 호텔이 없어서 부득이 허름한 모텔에 그분들을 모실 수밖에 없었습니다. 죄송한 마음에 아침에 제가 일찍 일어나서 그분들에게 문안인사를 드리고 골목길을 걸어나오는데 함께 총회에 참석했던 목사님들이 골목길에서 걸어나오는 저를 발견하고 우스갯소리로 이렇게 말하는 겁니다. "소 목사, 아침에 왜 모텔에서 나오나?" "무슨 급한 볼 일이 있었나?" 그래서 제가 자초지종을 설명하고 함께 웃은 적이 있습니다. 그때 제가 새삼 성결의 중요성을 깨달았습니다. 그렇습니다. 목회자는 언제 어디에서나 항상 정결해야 합니다.

우리는 성결을 목숨처럼 여겨야 합니다. 깨끗함이 재산 중의 재산이 되게 해야 합니다. 성결이 무기 중의 무기가 되게 해야 합니다. 청결이 우리의 자랑 중의 자랑이 되게 해야 합니다. 신앙의 지조가 우리의 힘이 되기를 바랍니다. 그럴 때 주님이 우리를 귀하게 쓰십니다.

담겨 있는 내용물에 따라 귀한 그릇과 천한 그릇으로 나누어집니다.

재질도 중요하지만 또 다른 면으로 생각해 볼 때 그 안에 담겨 있는 내용물에 따라서 귀한 그릇이 될 수 있습니다. 비록 재질이 좋지 않더라도 귀한 것을 담아 놓고 있으면 귀한 그릇이 될 수밖에 없습니다.

예를 들어서 여기에 여러 개의 그릇이 있다고 합시다. 이 그릇에 밥을 담으면 밥그릇이 되어 밥상에 올라갑니다. 귀한 그릇이 되는 것입니다. 그러나 똑같은 그릇이지만 오줌을 담아 놓으면 요강이 되는 것 아닙니까? 그러면 밥상은 물론이거니와 방에도 못 들어오고 마루에 있게 되는 것입니다. 또 아무리 밥상에 올라와 있던 밥그릇이라 할지라도 그 밥을 개에게 주면 저 마당에 놓여지게 되는 것입니다. 개밥그릇이 되는 것입니다.

옛날에는 그런 경우가 많이 있었습니다. 비오는 밤에 아이들이 자다가 오줌 누겠다고 칭얼거립니다. 그러면 아이를 데리고 바깥에 나가서 쉬를 누게 해줘야 하는데 남편이 자다가 마시는 숭늉그릇에 오줌 누일 때가 있습니다. 그러면 그 그릇은 요강이 되어버립니다.

바로 여기서 그릇의 법칙을 이야기할 수 있습니다. 첫째는 아무리 못생기고 찌그러진 그릇도 음식을 담으면 귀한 그릇이 됩니다. 둘째는 아무리 번쩍번쩍하고 귀티 나는 그릇이라도 똥을 담으면 똥통이 되는 것입니다.

제가 어렸을 때 살았던 동네가 지리산 기슭이다 보니 옛날에 공수부대 사람들이 가끔 지나가기도 하고, 잠시 머물다 가기도 했습니다. 그때 우리가 군인들로부터 얻었던 것이 있는데 그것이 뭔 줄 아십니까? 꽁치나 고등어 통조림이었습니다. 그때 참 많이 얻어 먹었습니다. 저는 군인들을 다룰 줄을 알았습니다. 군인 아저씨들에게 어떻게 해야 하는지 알았기 때문입니다.

"아저씨, 저희 누나 있는데요. 되게 예뻐요" 하면 제가 귀여워서라도 깡통을 하나 더 주었습니다. 그러다 며칠 동안 군인들이 훈련을 받고 난 후 떠나면 철모가 하나씩 남겨질 때가 있었습니다. 그때 철모 하나만 건지면 횡재한 것입니다. 그 철모도 발빠른 아이들이나 가서 주워가지고 왔습니다. 그런데 똑같은 철모이지만 어떤 집에서는 철모에 국을 끓여 먹기도 하였고, 또 어떤 집에서는 똥바가지나 오줌 바가지로 사용하였습니다. 똑같은 그릇이지만 국그릇과 똥그릇으로 갈라진 것입니다. 어떤 내용물을 담느냐에 따라 그렇게 달라진 것입니다.

우리도 마찬가지입니다. 아무리 우리가 찌그러지고 못생긴 인생이라 할지라도 우리 속에 하나님을 모시고 하나님의 은혜를 가득 담고 있으면 그 인생은 귀한 그릇입니다. 하나님 밥상에 자신 있게 올라가는 것입니다. 그러나 아무리 잘생기고 똑똑한 인생이라 할지라도 죄와 마귀만 담고 살아가면 천한 그릇이 될 수밖에 없습니다.

그래서 사도 바울은 우리를 질그릇이라고 표현합니다. 질그릇은 부족하고 불결하고 약한 그릇인데 이런 질그릇에 주님의 복음을 담았다고 말합니다. 질그릇 같은 우리가 하나님의 복음을 담은 영광스러운 인생이 되었다고 말하는 것입니다.

우리가 이 보배를 질그릇에 가졌으니 이는 심히 큰 능력은 하나님께 있고 우리에게 있지 아니함을 알게 하려 함이라 (고후 4:7)

우리는 예수 그리스도의 복음을 담고 있습니다. 하나님의 은혜와 능력을 담고 있습니다. 그러니 얼마나 귀한 존재입니까? 우리가 못생기고 못났다고 실망할 필요가 없습니다. 우리 그릇이 원래 천박하고 부정하다고 낙심할 필요가 없습니다. 하나님만 잘 모시면 됩니다. 하나님의 은혜로 가득 채우기만 하면 됩니다. 주님의 능력과 복음과 은혜를 담으면 되는 것입니다. 하나님의 사랑과 보화만 가득 채워 놓으면 우리는 위대한 그릇, 존귀한 그릇, 복된 그릇, 영광의 그릇이 될 수 있습니다.

우리가 아무리 보잘것없는 질그릇이라 할지라도 하나님은 우리 안에 하나님의 광채나는 복음을 담으셨습니다. 게다가 우리에게는 주님께 받은 사명이 있습니다. 그래서 질그릇 같은 우리도 귀한 그릇이 되는 것입니다.

우리에게 중요한 것이 바로 이것입니다. 우리가 얼마나 잘났는가가 중요한 것이 아니라 얼마나 주님을 잘 모셨는가가 중요합니다. 누가 주님의 복음과 은혜를, 그리고 주님의 보화와 능력을 많이 소유했는가가 중요합니다. 누가 더 소명감으로 충만하며, 사명감을 더 많이 가지고 있느냐가 중요한 것입니다.

그러므로 우리 마음속에 주님을 가득 모셔야 합니다. 주님의 보화로 가득 채워야 합니다. 주님의 능력을 많이 소유하고 주님의 복음과 말씀을 많이 소유할 수 있어야 합니다. 그럴 때 귀한 그릇이 됩니다.

그릇의 크기에 따라서 결정이 됩니다.

아무리 그릇이 귀하다고 할지라도 너무 작으면 안 됩니다. 너무 작으면 많은 것을 담을 수가 없습니다. 그릇은 담기 위해서 존재하는 것 아닙니까? 그래서 그릇은 커야 됩니다. 아무리 비가 와도 그릇이 작으면 빗물을 많이 담을 수가 없습니다. 마찬가지로 아무리 하나님이 우리에게 큰 복을 주고 싶어도 그릇이 작으면 담을 수가 없습니다.

열왕기하 4장을 보면, 선지 생도 부인이 나오지 않습니까? 남편이 선지학교 다니다가 빚만 잔뜩 남겨놓고 죽어버렸습니다. 자신과 아들이 노예로 팔려갈지도 모르는 처지에 놓였습니다. 그래서 그녀가 엘리사를 찾아가서는 자신이 처한 상황을 말하며 도움을 호소합니다.

> 선지자의 제자들의 아내 중의 한 여인이 엘리사에게 부르짖어 이르되 당신의 종 나의 남편이 이미 죽었는데 당신의 종이 여호와를 경외한 줄은 당신이 아시는 바니이다 이제 빚 준 사람이 와서 나의 두 아이를 데려가 그의 종을 삼고자 하나이다 하니 (왕하 4:1)

그러자 엘리사는 기름 한 그릇밖에 없다는 그 여인에게 그릇을 많이 준비하라고 했습니다. 이웃에게 가서 그릇을 빌어서라도 준비할 수 있는 만큼 그릇을 준비하라고 한 것입니다. 그리고 방문을 닫아 놓고 아들과 함께 기름을 그릇마다 채우라고 합니다. 그러자 기름이 끊임없이 나왔습니다. 준비한 그릇에 기름이 다 찰 때까지 나왔습니다. 마침내 마지막 그릇에 기름이 다 차니까 기름이 그칩니다.

> 그릇에 다 찬지라 여인이 아들에게 이르되 또 그릇을 내게로 가져오라 하니 아들이 이르되 다른 그릇이 없나이다 하니 기름이 곧 그쳤더라 그 여인이 하나님의 사람에게 나아가서 말하니 그가 이르되 너는 가서 기름을 팔아 빚을 갚고 남은 것으로 너와 네 두 아들

이 생활하라 하였더라 (왕하 4:6-7)

이렇게 빈 그릇에 기름이 다 차기까지 나오지 않았습니까? 그리고 그릇에 기름을 다 채우니까 기름이 그쳤습니다. 이것은 그릇을 준비한 만큼 하나님이 역사하셨다는 말입니다. 만약에 그 여자가 빈 그릇을 절반만 준비했으면 기름은 절반까지 나왔을 것입니다. 또 이 여자가 그릇을 더 많이 준비했더라면 그 준비한 만큼 기름이 쏟아졌을 것입니다. 여기서 우리는 그릇의 크기가 중요함을 교훈받게 됩니다.

오늘 우리에게 중요한 것은 큰 그릇이 되어야 한다는 것입니다. 기왕이면 큰 그릇이 되어서 귀하게 쓰임을 받아야 합니다. 간장 종지는 간장이나 담습니다. 된장 그릇은 된장이나 담습니다. 장 그릇은 그런 특수한 부분에나 쓰임 받지, 큰 곳에는 쓰임 받을 수가 없습니다. 물론 작은 것이 아름다울 때가 있습니다. 그런데 하나님은 큰 그릇을 귀하게 쓰고 아끼십니다.

우리 모두 큰 그릇들이 됩시다. 큰 그릇을 준비합시다. 특별히 장로님들이 큰 그릇이 되어야 합니다. 장로님들이 그릇이 작으면 목사가 숨통 막혀 죽습니다. 항상 아무것도 아닌 것 가지고 시비 걸고 하면 목회가 어떻게 되겠습니까?

큰 그릇은 수용성과 포용성이 좋습니다. 이런 것도 이해하고 저런 것도 수용합니다. 가슴이 넓습니다. 그리고 그릇이 크면 헌신도, 충성도 팍팍 합니다. 그렇게 그릇이 커야 큰일도 하고 목사가 큰 목회를 하도록 도울 수 있는 것입니다. 큰 일 하는 것을 함께 이해하고 나아가는 것입니다. 하나님이 아무리 주시고 싶어도 그릇이 작은데 어떻게 주십니까? 그릇이 장깍지 소라껍질 같은데 어떻게 주시겠습니까? 그릇이 커야 우리 주님이 쏟아부어 주실 것 아닙니까? 하나님은 그릇이 큰 사람들에게 왕창 부어 주십니다.

우리가 큰 축복을 받으려면 큰 그릇을 준비해야 됩니다. 귀한 그릇이 되어야 합니다. 목사는 큰 그릇, 귀한 그릇을 준비해서 큰 축복을 받는데 성도들의 그릇이 장깍지 같아서야 되겠습니까?

그러므로 충성하고 헌신하는 분들에게는 반드시 때가 되면 하나님이 복을 주실 것입니다. 반드시 때가 되면 우리가 축복의 명문가와 영광의 가문을 이루게 될 것입니다. 우리 모두 큰 그릇이 되어서 축복을 많이 받읍시다. 그리고 귀한 그릇이 되어서 귀하게 쓰임 받읍시다.

♪ 더러운 이 그릇을 주님 쓰시려고
내 이름 불러주시니 이 어인 은혜인가
되지 못하고 된 줄 알다가 쓰러진 이 몸은
빈손 들고 십자가 앞에 무릎 꿇었사오니
오 내 주님 이 마음에 좌정하여 주소서

하나님의 기대 ❻

가족 공동체를 이루라

마태복음 12장 46-50절

예수님은 더 큰 가족 공동체, 더 위대한 영적 공동체를 제시해 주셨습니다. 바로 하나님을 중심으로 한 하나님 나라의 가족 공동체입니다. 가족 공동체는 첫째, 하나님이 중심이 되고, 둘째는 그 가족 구성원들이 하나님의 뜻대로 행해야 됩니다. 다시 말하면, 하나님의 사랑과 은혜가 중심이 되어 구성원을 이루고, 그 구성원들이 하나님의 뜻대로 살아갈 때 그것을 하나님의 위대한 가족이라고 합니다. 우리 교회는 하나님이 주인 되시고 예수 그리스도가 머리 되시고 그리고 하나님의 사랑과 성령의 은혜로 뭉쳐지고 결속되어야 합니다. 그리고 우리 모두가 하나님의 뜻대로 살려고 애써야 합니다. 이제 우리는 모두 예수 안에서 한 가족, 한 공동체의 일원이 되었습니다. 우리는 다 한 형제자매가 된 것입니다.

우리 하나님은 기대하시는 하나님입니다. 그 기대하시는 하나님께서 우리에게 기대하시는 바가 있습니다. 그것은 우리 모두가 하나님을 중심으로 한 가족 공동체가 되는 것입니다. 그렇습니다. 우리 모두는 주님을 중심으로 한 거대한 가족 공동체를 이루었습니다.

요즘은 소가족, 핵가족 시대입니다. 보통 3-4명이나 4-5명으로 이루어져 있습니다. 부모님을 모신다고 해도 5-6명 정도입니다. 그런데 옛날에는 우리나라도 대가족 시스템이었습니다. 그래서 보통 15-20여 명이 함께 살았습니다.

이스라엘도 마찬가지입니다. 고대 이스라엘도 대가족 시스템을 넘어 빅 커뮤니티를 이루었습니다. 거대한 공동체를 이루었는데, 적어도 150-200명 선이었다고 합니다. 물론 그 공동체는 '나'를 중심으로 한 공동체였습니다. 나라고 하는 존재를 공동체에서 절대 무시하지 않았습니다. 그래서 공동체는 개인의 안전과 보호를 책임졌습니다.

그러나 가족은 먼저 공동체를 위해 일해야 합니다. 그것이 곧 나를 위해서 하는 것으로 생각한 것입니다. 공동체를 꾸려 가기 위해선 그만큼 공동체를 우선시하게 되었습니다.

이렇게 가족이 빅 커뮤니티를 이루다 보니 가정 안에서 법적인 문제의 처리까지 가능했습니다. 예를 들어, 다른 공동체와 다툼과 분쟁이 생겼을 때는 공동체의 대표가 나가서 서로 흥정하기도 하고 타협하기도 하면서 일을 마무리했습니다. 그리고 대표자가 일을 해결하고 나서 선포했습니다. 그래도 안 되면 공동체 전체가 패거리로 싸움을 하기도 합니다. 이것으로 인해서 한 공동체가 패가망신하기도 했습니다.

예수님 시대에도 마찬가지였습니다. 모든 가족이 다 대가족이었다고 말할 수는 없겠지만 대가족인 경우가 많았습니다. 그런데 어느 날 예수님이 한 사람을 제자로 불렀습니다. 그랬더니 뭐라고 한 줄 아십니까? "예, 주님을 제가 따르긴 따르겠지만 먼저 제 가족들과 작별하고 와서 따르겠습니다!"라고 하였습니다.

> 또 다른 사람이 이르되 주여 내가 주를 따르겠나이다마는 나로 먼저 내 가족을 작별하게 허락하소서 예수께서 이르시되 손에 쟁기를 잡고 뒤를 돌아보는 자는 하나님의 나라에 합당하지 아니하니라 하시니라 (눅 9:61-62)

그러면 그 당시 문화로서 가족에게 작별 인사를 하고 와서 따르겠다는 것은 무엇을 말합니까? 사실 가족에게 작별 인사를 하고 와서 예수님을 따르겠다는 말은 주님 보시기에 불가능한 말입니다.

한 마디로 한 촌락을 이룰 정도로 가족이 200명 이상 된다고 합시다. 그러면 그 수많은 가족들 가운데 어떤 사람은 말리기도 했을 것이고, 어떤 사람은 술 한잔 마시고 가라고 했을 것이고, 또 어떤 사람은 예수님을 따르는 건 좋지만 지금 당장은 안 된다고 말했을 것입니다. 또 아예 부인이나 자식들은 극구 말리기도 했을 것입니다.

예수님 보시기에 작별 인사를 하고 와서 주님을 따른다는 것은 불가능한 것이었습니다. 그래서 손에 쟁기를 잡고 뒤를 돌아보는 자는 하나님의 나라에 합당하지 않다고 말씀하신 것입니다.

앞에서도 언급했지만 고대 이스라엘의 가족은 빅 커뮤니티를 이루고 있었습니다. 이것은 예수님 당시에도 동일했는데, 가족 공동체의 규모가 컸다는 말입니다. 그래서 당시 모범 가족은 연합력과 결속력이 좋은 가족이었습니다. 연합과 결속이 잘 되어 있으면 훌륭한 가족이고, 그렇지 않으면 모범 가족이 못 되었습니다. 그러면 누구를 중심으로 결속되어야 했을까요? 가장을 중심으로, 호주를 중심으로, 대표자를 중심으로 결속되어야 했습니다.

영적 공동체

그런데 예수님은 이런 가족 공동체의 모습을 바꾸어 놓으셨습니다. 예수님이 생각하는 가족은 가장을 중심으로 한 공동체가 아닙니다. 하나님을 중심으로 한 공동체라고 말씀하고 있습니다. 하나님이 머리가 되고 주인이 되고 중심이 되어 연합을 이루는 그런 영적 공동체를 진정한 가족 공동체라고 말씀하셨습니다.

이렇게 생각하고 있는 예수님께 어느 날 예수님의 어머니와 동생들이 찾아왔습니다. 예수님을 만나겠다고 찾아왔을 때 주님은 수많은 무리들에게 진정한 하나님의 가족 공동체에 대해 선포하셨습니다. "누가 내 어머니며 누가 내 동생들이냐? 누구든지 하늘에 계신 내 아버지 뜻대로 행하는 자가 내 형제요, 자매요, 어머니다"라고 말씀하셨습니다.

> 한 사람이 예수께 여짜오되 보소서 당신의 어머니와 동생들이 당신께 말하려고 밖에 서 있나이다 하니 말하던 사람에게 대답하여 이르시되 누가 내 어머니이며 내 동생들이냐 하시고 손을 내밀어 제자들을 가리켜 이르시되 나의 어머니와 나의 동생들을 보라 누구든지 하늘에 계신 내 아버지의 뜻대로 하는 자가 내 형제요 자매요 어머니이니라 하시더라 (마 12:47-50)

물론 우리 예수님은 혈연지간으로 이룬 가족을 부인하지는 않습니다. 49절에서 "나의 어머니와 나의 동생들을 보라"고 말씀하지 않았습니까? 예수님은 육신의 어머니를 인정하셨고 육신의 형제들을 인정하셨습니다. 혈연으로 이루어진 가족 공동체를 인정했다는 말입니다.

그러나 예수님은 더 큰 가족 공동체, 더 위대한 영적 공동체를 제시해 주셨습니다. 바로 하나님을 중심으로 한 하나님 나라의 가족 공동체입니다. 그 가족 공동체는 첫째, 하나님이 중심이 되고, 둘째, 그 가족 구성원들이 하나님의 뜻대로 행해야 됩니다. 다시 말하면, 하나님의 사랑과 하나님의 은혜가 중심이 되어 구성원을 이루고, 그 구성원들이 하나님의 뜻대로 살아갈 때 그것을 하나님의 위대한 가족이라고 하는 것입니다.

우리 교회는 하나님이 주인 되시고, 예수 그리스도가 머리 되시고, 하나님의 사랑과 성령의 은혜로 뭉치고 결속되어야 합니다. 그리고 우리 모두가 하나님의 뜻대로 살려고 애써야 합니다. 이제 우리는 다 예수 안에서 한 가족 공동체의 일원이 되었습니다. 우리는 다 한 형제자매가 된 것입니다.

하나님은 우리에게 이런 기대를 갖고 계십니다. 우리 교회가 하나님을 중심으로 한 가족 공동체를 이루기를 기대하시고 원하십니다. 그러므로 우리 모두 예수 안에서 사랑과 섬김과 축복의 가족 공동체를 이루어야 합니다. 위대한 가족 공동체를 이루어야 합니다.

그러면 우리 교회가 하나님 나라의 거대한 가족 공동체를 이루기 위해서 어떻게 해야 할까요? 하나님은 우리에게 무엇을 기대하실까요?

우리는 무엇보다 가족을 사랑하며 공동체를 섬겨야 합니다.

고대 이스라엘에서는 내 개인의 행복과 안위를 공동체가 보장해주고 책임져 주었습니다. 그러므로 당연히 개인에게 있어서는 먼저 가족과 공동체가 우선이었습니다. 그래서 가족을 먼저 사랑하며 섬기고 그 공동체를 위하는 것이 당시 미덕이었습니다. 그런 의미에서 그들에게 있어서 사랑이라고 하는 것은 공동체에 붙어 있는 것입니다. 가족들과 결속되고 연합해 있는 것을 사랑이라고 생각했습니다.

공동체의 결속력이 관건

우리는 개인주의 시대에 살고 있기 때문에 일반적으로 사랑이라고 말하면 감정적인 사랑을 생각합니다. 그러나 거대한 가족 공동체를 이루었던 이스라엘에서는 사랑이란 가족과 연결되어 있어야 되고 공동체에 바짝 달라붙어 있는 것이었습니다.

달라붙어 있다는 말을 히브리어로 '다바크'(דבק)라고 하는데, 이 말은 원래 '풀로 붙이다' 라는 의미입니다. 종이 두 장을 풀로 붙이면 뗄 수 없듯이 하나님께 바짝 달라붙어 있다는 말입니다. 하나님께나 가족 공동체에 바짝 달라붙어 있는 것입니다. 가족 공동체의 사랑이란 결속과 연합 속에서 이루어진다는 것입니다.

그런데 그것으로 끝나는 것이 아닙니다. 바싹 달라붙어서 사랑의 감정을 나타내고 사랑을 실천하는 것입니다. 사랑의 행위를 몸소 보여주는 것입니다. 그것이 바로 사랑하며 섬기는 삶입니다.

> 오직 여호와의 종 모세가 너희에게 명령한 명령과 율법을 반드시 행하여 너희의 하나님 여호와를 사랑하고 그의 모든 길로 행하며 그의 계명을 지켜 그에게 친근히 하고 너희의 마음을 다하여 그를 섬길지니라 하고 (수 22:5 상)

"그에게 친근히 하고"에서 "친근히 하다"라는 말은 '다바크'(דבק)입니다. 직역하면 하나님께 달라붙어서 사랑하고 섬긴다는 말입니다. 곧 마음을 다하고 성품을 다하고 뜻을 다해 하나님을 섬기는 것입니다.

> 그들이 반드시 너희의 마음을 돌려 그들의 신들을 따르게 하리라 하셨으나 솔로몬이 그들을 사랑하였더라 (왕상 11:2 하)

솔로몬 왕이 우상을 가지고 들어온 이방 여인들에게 너무 빠져 있었습니다. 그때 하나님께서 경고해 주셨습니다. "솔로몬아! 저들이 예쁘게 생긴 건 사실이지만 그 예쁜 얼굴로 네 마음을 유혹하여 너로 하여금 그들의 신들을 따르게 할 것이다. 그러니 조심하거라!" 그러나 솔로몬은 그 여자들에게 바싹 붙어서, 푹 빠져 사랑했는데 그럴 때 이 '다바크'(דבק)를 썼습니다. 다시 말하면 가족 공동체의 사랑은 가족 공동체에 바싹 붙어 있는 것입니다. 이것이 바로 사랑하며 섬기는 것입니다.

반대로 가족 공동체에 있어서 미워한다는 말이 무슨 말입니까? 그것은 사랑과 반대로 바싹 달라붙지 않는 것입니다. 결속하지 않고 연합하지 않고 자기 혼자 '따로 국밥'으로 사는 것입니다. 여기에 무슨 연합이 있고 협동이 있고 섬김이 있겠습니까? 항상 개인주의고 이기주의입니다. 그 개인주의와 이기주의가 공동체의 화합을 깨고 그 가족의 정체성을 깨는 것입니다. 이것이 결국은 미움이고 증오란 말입니다.

예수님은 이 사실을 요한복음 15장에서 잘 말씀하고 있습니다. 사랑은 주님 안에 거하고 주님 안에서 열매를 맺는 것이라고 했습니다.

> 내 안에 거하라 나도 너희 안에 거하리라 가지가 포도나무에 붙어 있지 아니하면 스스로 열매를 맺을 수 없음같이 너희도 내 안에 있지 아니하면 그러하리라 나는 포도나무요 너희는 가지라 그가 내 안에, 내가 그 안에 거하면 사람이 열매를 많이 맺나니 나를 떠나서는 너희가 아무것도 할 수 없음이라 (요 15:4-5)

주님 안에 거하는 것이 사랑이고 그 안에서 열매 맺는 것이 사랑임을 말씀하고 있습니다. 그러면 언제 어디서 사랑이라는 말이

가족 공동체를 이루라 159

나온다고 합니까?

> 아버지께서 나를 사랑하신 것같이 나도 너희를 사랑하였으니 나의 사랑 안에 거하라 (요 15:9)

주님 안에 거하는 것이 바로 주님의 사랑 안에 거하는 것이라고 하지 않습니까? 그러니까 내가 주님 안에 거하고 열매를 맺는 것이 사랑이라는 말과 똑같은 말이 되는 것입니다.

그러나 반대로 주님 안에 거하지 않고 떠나는 것은 사랑이 아니라는 말입니다. 주님 안에 거하지 않으면 아무 열매를 맺을 수 없고, 그 가지는 아궁이의 땔감밖에 될 수 없습니다. 이처럼 주님을 중심으로 하지 않고 결속과 연합되지 않는 것은 미움입니다. 개인주의와 이기주의로 살아가는 것이 공동체의 원수이고 증오이고 미움의 대상이라는 말입니다.

그러므로 우리가 하나님을 중심으로 한 하나님 나라의 거대한 가족 공동체를 이루었다면 가장 중요한 것이 공동체에 바싹 달라붙어야 하는 것입니다. 바싹 달라붙어서 결속과 연합을 이루어야 됩니다. 그리고 교인들을 형제자매로 삼고 부지런히 사랑해야 됩니다. 절대로 떨어져 나가서는 안 됩니다. 개인주의나 이기주의로 가면 안 됩니다.

왜냐하면 이 개인주의와 이기주의가 공동체를 파괴하기 때문입니다. 물론 공동체에 바싹 달라붙고 결속하기 전에 먼저 해야 할 것이 있습니다. 그것은 하나님께 바싹 달라붙어서 하나님을 사랑하는 것입니다. 그런 구성원들이 모인 공동체가 하나님의 가족 공동체가 아니겠습니까? 그러므로 우리는 하나님 안에서 형제자매를 사랑해야 합니다. 공동체와 교회를 사랑해야 합니다.

저는 원래 개척할 때부터 우리 교회의 영원 표어를 "사랑하며 섬기는 교회"로 정했습니다. 지금 생각해봐도 잘 했다고 생각합니다. 물론 가족 공동체의 성격과 정신을 잘 알았기 때문에 그런 것입니다. 우리 주님께서는 제자들이 자리다툼하는 것을 보시면서 하나님 나라에서 어떤 자가 큰 자인지를 말씀해 주셨습니다. 사랑하며 섬기는 자가 가장 큰 자라고 말입니다.

시간이 지나도 그 가치가 변하지 않고 더 빛나는 것이 무엇입니까? 보석이나 금입니다. 그것들은 시간이 갈수록 그 진가가 더 드러납니다. 이미테이션(imitation)이 많을수록 보석의 진가는 더 드러나는 것입니다. 요즘 모조품이 얼마나 많습니까? 그러므로 우리 성도들 모두가 진품과도 같은 '사랑하며 섬기는 공동체'를 이루어야 합니다. 그래서 하나님 나라의 가족 공동체를 빛내고, 아름답게 하고, 힘있게 해야 합니다.

가족 공동체의 일체감과 정체성을 강화해야 합니다.

고대 이스라엘에서 가족 공동체의 제일 큰 원수요, 미움의 대상이 누구입니까? 개인주의자입니다. 이기주의자입니다. 쉽게 말하면 튀는 행동을 하는 사람입니다. 그래서 가족 공동체에서 제일 아름다운 미덕은 일체감과 정체성을 강화시키는 것입니다.

이스라엘에서는 아무리 대가족이어도 식사를 같이 하는 습관을 가졌습니다. 부모와 자식만이 아니라 몇 대가 같이 모여 식사했습니다. 할아버지, 할머니, 고조·증조 할아버지 할머니까지 식사를 같이 했습니다. 당시에 식사를 같이 한다고 하는 것은 관계성과 일치성을 강화시켜주는 의미가 있었습니다. 그것은 서로 화해하게 하고 화목을 강화시켜 주며 공동의 목표를 완성한다는 의미이기도 했습니다.

오늘날도 그렇지 않습니까? 직장에서 회식을 하며 서로 일치와 단합을 추구하고 있지 않습니까? 혹시 서로 서먹한 관계가 형성되었으면 회식을 통해 화해와 화목을 도모하기도 합니다. 또 어떤 임무를 잘 완성했으면 나가서 회포도 풀고 자축하는 의미에서 함께 밥을 먹습니다. 이와 같이 사람 사는 사회는 다 똑같은 것 같습니다.

그런데 이때 튀는 행동을 하면 안 좋습니다. 회식할 때 술잔이

돕니다. 그런데 그것을 꼭 피하는 사람들이 있습니다. 크리스천인 우리로서도 마땅히 취해야 할 행동입니다. 어쨌거나 회식하는 자리에서는 먹는 시늉이라도 해야 분위기를 깨뜨리지 않습니다.

우리가 예수 믿는다고 끝까지 술도 안 먹고 노래도 안 하고 앉아 있으면 그 분위기에서는 튀는 행동을 하는 개인주의자로 비쳐집니다. 물론 그렇다고 술을 먹으란 말이 아닙니다. 우리 입장에서는 그것이 맞지만 여기서 중요한 것은 공동체 분위기를 존중하라는 것입니다.

예복의 의미

이스라엘의 가족 공동체에서도 그 분위기를 깨뜨리고, 정체성과 일체감을 파괴하는 일이 있었습니다. 그런 일을 하는 사람은 가족 공동체의 원수이고 증오의 대상이었습니다. 그래서 예수님은 마태복음 22장에서 이러한 사실을 예로 들었습니다.

어떤 왕이 혼인잔치에 사람들을 초청했습니다. 초청받아 온 사람들이 식탁에 앉았습니다. 당시 풍습으로 보면 잔칫집에 올 때는 예복을 입고 와야 했습니다. 이 예복은 잔치의 분위기나 일체감, 정체성을 만들어 주는 중요한 역할을 했습니다.

요즘도 파티에 가면 정장 차림으로 가지 않습니까? 캐주얼하게 옷을 입고 가면 실례가 됩니다. 어떤 레스토랑에는 정장을 하지 않으면 들어오지 못하게 합니다. 특별히 미국 파티에 초청되어 가면 턱시도를 입고 가야 합니다. 저도 미국 부시 대통령 취임식 파티 때 초청을 받았는데 그때 태어나 처음으로 턱시도를 입어 보았습니다. 그리고 무도회 때는 맨 앞자리에서 부시와 로라가 춤추는 것을 보았습니다.

어쨌든 그런 장소에 캐주얼하게 입고 가면 들어가지도 못합니다. 양복을 입었어도 못 들어갑니다. 그런데 어떻게 해서 들어갔다고 합시다. 금방 천덕꾸러기 취급을 받게 됩니다. 하물며 당시 가족 공동체나 예식 문화에서 볼 때 예복을 입고 오지 않았다는 것은 보통 예의가 없는 사람이 아닙니다. 그것은 만찬을 베푼 주인을 모독하는 처사입니다. 그리고 그때 예복은 옷술이 달려 있는 옷을 말합니다. 이 옷술은 하나님과의 관계, 경건, 의로움, 또 그 사람의 어떤 거룩한 삶의 품위를 나타내는 것입니다.

그런데 어떤 한 사람이 다른 옷을 입고 왔습니다. 아마 이 사람은 예복이 없어서가 아니라 의도적으로 다른 옷을 입고 온 것 같습니다. 그 사람을 제외한 다른 모든 사람들은 이미 예복을 입고 와서 일체감과 정체감이 형성되어 있었습니다. 이 예복에는 신분의 고하가 없었습니다. 다함께 예복을 입고 와서 정체성을 나타내고, 아름다운 분위기를 연출했습니다.

그런데 유독 한 사람만 다른 옷을 입고 온 것입니다. 그 사람은 워낙 튀는 사람이고 개인주의적인 사람이라 다른 사람들과 자신을 차별화하기 위해 더 튀는 옷을 입었을 것입니다. 요즘 말로 하면 빨간 옷, 알록달록한 옷, 패션쇼에 갈 때나 입는 그런 옷을 입고 온 것입니다.

"오늘은 임금님이 온다니까 내가 왕의 눈에 띌거야! 아마 내가 가장 주목받는 사람이 될거야!" 임금이 다른 사람보다 나를 더 주목하게 하려는 바람으로 아마 다른 옷을 입고 온 것 같습니다. 아니나다를까! 임금이 딱 와서 보는데 그 사람이 눈에 들어왔습니다. 왜 그랬겠습니까? 튀기 때문입니다. 다르기 때문입니다. 너무 화려하기 때문입니다. 예복보다 더 화려하고 더 좋은 옷을 입고 온 것입니다.

그래서 임금이 물어보았습니다. "너는 왜 예복을 안 입고 왔느냐?"라고 말입니다. 그 사람이 아무 말도 못합니다. 그러자 임금이 "저 놈을 쫓아내 버리라"고 명합니다. 손발을 묶어서 바깥 어두운 곳으로 내쫓으라고 하면서 거기서 슬피 울며 이를 갈게 될 것이라고 말합니다.

네거리 길에 가서 사람을 만나는 대로 혼인 잔치에 청하여 오라 한대 종들이 길에 나가 악한 자나 선한 자나 만나는 대로 모두 데려오니 혼인 잔치에 손님들이 가득한지라 임금이 손님들을 보러 들어올 새 거기서 예복을 입지 않은 한 사람을 보고 이르되 친구여 어찌하여 예복을 입지 않고 여기 들어왔느냐 하니 그가 아무 말도 못하거늘 임금이 사환들에게 말하되 그 손발을 묶어 바깥 어두운 데에 내던지라 거기서 슬피 울며 이를 갈게 되리라 하니라 청함을 받은 자는 많되 택함을 입은 자는 적으니라 (마 22:9-13)

임금이 예복을 입지 않고 온 사람을 쫓아냈습니다. 왜입니까? 하나님 나라에 합당하지 않기 때문입니다. 이 말씀은 비유입니다. 하나님 나라는 자기 아들을 위하여 베푼 혼인 잔치와 같습니다. 혼인 잔치에는 신랑, 신부가 결혼할 뿐 아니라 사람들이 식탁에서 먹고 마십니다. 그 순간 잔치에 초청받은 사람은 가족이 되는 것입니다. 일체성과 정체성으로 하나가 되었습니다. 그런데 하나가 되려면 예복을 입고 왔어야 했는데 그 사람이 안 입고 온 것입니다. 그래서 그 사람을 쫓아낸 것입니다.

다시 말하면 개인주의와 이기주의로 가득 찬 사람을 쫓아내 버렸습니다. 물론 예복이란 말에는 더 깊은 영적인 의미가 있습니다. 하나님과 나와의 관계성, 하나님이 은혜를 주시는 의의 옷, 복음의 옷이라는 의미가 있습니다. 그러나 지금 저는 가족 공동체라고 하는, 당시 문화적 차원에서의 예복을 이야기하고 있는 것입니다.

어쨌든 한 사람이 예복을 입지 않고 튀는 옷을 입고 와서 쫓겨났습니다. 그 사람은 얼마나 억울하겠습니까? 얼마나 분통이 터져서 슬피 울며 이를 갈았겠습니까? 그러므로 우리는 예수님 안에서 하나님과의 관계를 중요시하고, 또 은혜를 주신 하나님의 의와 복음의 옷을 입는 것을 중시해야 합니다. 그런데 이미 우리는 주님의 은혜로 그 옷을 다 입었습니다.

> 누구든지 그리스도와 합하기 위하여 세례를 받은 자는 그리스도로 옷 입었느니라 (갈 3:27)

예수님을 믿고 세례를 받은 사람은 다 그리스도로 옷 입은 사람들입니다. 여기서 그리스도로 옷 입었다는 말은 하나님이 기뻐하시는 의의 예복을 입었다는 말입니다. 공동체에 있어서 예복을 입는 것은 아주 중요합니다. 이것은 바로 공동체의 일체감과 정체성을 형성시켜 주기 때문입니다.

언제나 가족 공동체 안에서는 일체감이나 정체성을 깨는 튀는 행동을 하지 맙시다. 하나 되고 연합하여 정체감으로 가득한 아름다운 가족 공동체를 만듭시다.

가족의 명예를 높이고 공동체의 아름다움을 홍보해야 합니다.

고대 이스라엘의 가족 공동체에 있어서 또 하나의 덕스러운 행위는 가족의 명예를 높이고 홍보하는 것입니다. 반대로 가장 큰 악덕은 가족을 수치스럽게 하고 모욕을 주는 것입니다. 이런 악을 일삼는 사람들은 가족의 수치스런 비밀을 다 드러냅니다. 공동체만의 비밀도 다 드러내고 까발리는 것입니다.

이것은 가장 저주받을 일이었습니다. 온 가족들이 그 사람을 저주하는 것입니다. 창세기를 보면 노아의 가족 공동체에 함이라는 사람이 있었습니다. 함은 아버지인 노아의 수치와 비밀을 덮어주지 못하고 다 폭로하고 다녔습니다. 그래서 나중에 노아가 술이 깬 후 함에게 저주를 퍼붓는 이야기가 나옵니다. 노아가 함에게 어떻게 저주합니까? 평생 종 노릇하며 살라는 것입니다.

(1) 가장 소중한 가족 공동체의 명예

이스라엘 사람들이 명예를 얼마나 중요하게 생각하는지 모릅니다. 명예는 돈이나 소유보다도 더 중요하게 생각하는 가치였습니다. 그래서 바리새인들이 명예를 추구한 것입니다. 대중의 인기를 끌고 그들의 인정을 받으려고 하였습니다. 그들은 매일 성 어귀에서 기도하고, 옷술을 길게 늘어뜨리고 다녔습니다. 자기가 경건하다는 것을 알리기 위해서 그렇게 한 것입니다.

이런 명예는 가족 공동체에서도 마찬가지였습니다. 가족 공동체는 항상 명예로워야 합니다. 그래서 당시에도 "너는 누구네 집 자식이냐? 어느 지파의 어느 집안 자식이냐?"고 물어 보았습니다. 당시에도 가족 공동체의 명예를 중시했다는 것을 나타냅니다. 이것은 옛날 우리 나라에서도 마찬가지였습니다. 그래서 그 명예가 일그러지고 그 가족 공동체의 나쁜 비밀이 새어나가면 성문에서 수치와 모욕을 당하는 것입니다.

다시 말하면 가족 공동체에서 제일 큰 원수 중의 하나가 그 가족의 수치를 드러내고 비밀을 드러내는 사람이라는 말입니다. 그 가족의 명예를 땅에 떨어지게 하는 사람입니다. 뿐만 아니라 개인이 창피하고 부끄러운 행동을 함으로써 그 가족의 명예를 실추시키는 것도 똑같은 원수였습니다. 왜냐하면 그것이 공동체에 해를 입히는 것이기 때문입니다.

누가복음 18장을 보면 어린아이들이 예수님께 왔습니다. 무엇 때문입니까? 예수님께 안수기도를 받기 위해서입니다. 예수님은 어린아이들에게 인기가 많았는데, 두 가지로 생각해 볼 수 있습니다. 하나는 예수님이 순수하셨기 때문입니다. 그는 어린아이들의 세계를 인정하셨습니다. 다른 하나는 예수님이 능력이 많아서, 축복해 주는 대로 다 된다고 하는 말 때문이었을 것입니다. 그래서 주님께 어린아이들이 달려오는 것입니다.

그런데 예수님의 제자들은 어린아이들에게 오지 말라고 꾸짖었습니다. 그것을 본 예수님께서는 "아이들이 내게 오는 것을 금하지 말라"고 하시면서 하나님 나라가 이런 자의 것이라고 말씀하셨습니다.

📖 사람들이 예수께서 만져 주심을 바라고 자기 어린 아기를 데리고 오매 제자들이 보고 꾸짖거늘 예수께서 그 어린아이들을 불러 가까이 하시고 이르시되 어린아이들이 내게 오는 것을 용납하고 금하지 말라 하나님의 나라가 이런 자의 것이니라 (눅 18:15-16)

왜 제자들은 어린아이들이 예수님께 오는 것을 반대했을까요? 두 가지로 생각해 볼 수 있습니다. 하나는 어린아이는 아무 쓸모가 없다고 생각했기 때문입니다. 그 아이들이 헌금을 가지고 오는 것도 아니고, 재정이나 조직에 힘이 되는 것도 아닙니다. 그래서 어른들이나 오라면서 애들은 가라고 하는 것입니다. 또 하나, 아이들은 입이 가볍습니다. 그래서 아이들이 가까이 오는 것을 좋아하지 않았습니다.

사실 예수님의 제자 공동체에도 수치와 비밀이 왜 없었겠습니까? 예수님은 병을 잘 고치고 능력을 많이 행하는데 제자들은 안 된단 말입니다.

📖 그들이 무리에게 이르매 한 사람이 예수께 와서 꿇어 엎드려 이르되 주여 내 아들을 불쌍히 여기소서 그가 간질로 심히 고생하여 자주 불에도 넘어지며 물에도 넘어지는지라 내가 주의 제자들에게 데리고 왔으나 능히 고치지 못하더이다 (마 17:14-16)

제자들에게는 한계가 있었습니다. 이런 비슷한 일들이 제자들

에게 많이 있었을 것입니다. 서로 시기하고 질투하고 높아지려고
만 했습니다. 그들은 많은 실수를 저질렀을 것입니다.

> 예수께서 이르시되 무엇을 원하느냐 이르되 나의 이 두 아
> 들을 주의 나라에서 하나는 주의 우편에, 하나는 주의 좌편에 앉게 명
> 하소서 (마 20:21)

> 열 제자가 듣고 그 두 형제에 대하여 분히 여기거늘 (마
> 20:24)

서로 높아지려고 하고 시기하고 질투하지 않습니까? 제자들에게는 서로 분히 여기고 다투는 이런 허점들이 있습니다. 그러니 아이들이 그런 모습을 보면 떠벌리고 다닐 수 있습니다. 제자들의 수치와 비밀을 발설할 수도 있었던 것입니다. 그래서 제자들은 어린아이들의 접근을 허용하지 않았을지도 모릅니다.

(2) 어린 아이들이 천국에 들어가는 이유

정말 그렇지 않습니까? 아이들이 하루종일 어디 놀러 갔다 집에 오면 모든 이야기를 다 합니다. "엄마, 철수네 집에 갔더니 걔네 아빠가 화가 난다고 꽃병을 던져 버리더라고요." "엄마, 영수네 집에 갔는데 걔네 아빠가 직장에서 쫓겨나와 집에서 놀고 있어요." 이와 같이 그 집의 비밀스런 이야기가 다 드러나는 것입니다. 그

래서 제자들도 어린아이들을 막았을지 모릅니다.

그런데 예수님은 "왜 그들을 오지 말라고 하느냐, 천국은 이런 자의 것이니라!"라고 말씀하십니다. 그리고 "너희가 어린아이와 같지 않으면 결단코 천국에 들어갈 수 없다"고 하셨습니다.

그러면 왜 예수님은 아이들을 오라고 하고 그들을 예찬했을까요? 같은 이유입니다. 두 가지로 볼 수 있는데, 하나는 아이들이 단순해서 하나님 나라의 복음을 잘 받아들인다는 것입니다. 제자들은 닳아질 대로 닳아져서 3년을 가르쳤어도 왜 예수님이 죽어야 하는지를 모릅니다. 예수님의 권위를 세상 주권자의 권위로만 생각했습니다. 하나님 나라가 온다는 것을 유대인의 번영과 이스라엘의 정치적 회복으로만 받아들였습니다. 그러나 어린아이들은 단순해서 십자가의 복음, 보혈의 복음을 잘 받아들였습니다. 그래서 그들을 오라고 한 것입니다.

또 하나는 어린아이들은 단순하고 입이 가벼워서 예수님의 공동체의 비밀과 하나님 나라의 비밀이 잘 새어나갈 수 있기 때문입니다. 예수님은 그런 것을 다 아셨습니다. 어린아이들이 입이 가볍고 싸기 때문에 어린아이들을 통해 하나님 나라의 복음과 예수님의 공동체의 비밀이 잘 새어나가기를 원했던 것입니다. 그렇다고 해서 예수님이 꼭 어린아이만 원했다는 말은 아닙니다. 분명히 단서를 달았습니다. "누구든지 어린아이와 같이 되거라. 그러면 하나님의 말씀과 복음을 잘 받아들이고 싸구려 입이 될 것이다"라는 것입니다.

예수님은 하나님 나라의 복음과 예수님의 공동체의 비밀이 새어나가서 드러나길 원하셨습니다. 또한 예수님은 당신의 삶과 제자들과의 공동체의 비밀스런 삶이 전달되기를 원하셨습니다. 제자들은 자기네 공동체에 창피한 것과 부끄러운 부분이 있었다고 생각했지만 주님은 그렇게 생각하시지 않았습니다. 그런 것은 아무것도 아니라는 것입니다. 있는 그대로 전파하라는 것입니다.

정말 우리가 하나님의 가족 공동체의 일원이라면 우리도 어린아이처럼 단순해야 합니다. 무조건 하나님을 높이고 자랑해야 합니다. 부지런히 복음을 전하고 부지런히 우리가 받은 은혜를 간증하고 다녀야 합니다. 기왕 노는 입, 싸구려 입처럼 막 퍼뜨리고 다녀야 합니다.

(3) 은혜는 자랑하고 수치는 가려라

뿐만 아니라 가족 공동체인 교회의 명예스럽고 자랑스러운 일들을 홍보하고 다녀야 합니다. 긍정적인 부분, 은혜스러운 부분을 자랑하고 다녀야 합니다. 우리 교회를 높이고 우리 교회에서 하는 사역들을 자랑하고 목사님을 자랑하고 다녀야 합니다. 세상 사람들이 알지 못하는 좋은 비밀을 까발리고 다녀야 합니다. 그래야 명예로운 가족이고 자랑스러운 가족입니다.

　가장 창피하고 부끄러운 교인이 누군 줄 아십니까? 가장 수치스러운 교인은 바로 목사의 약점을 까발리고 다니는 사람입니다. "우리 목사님은······설교하다가 코도 풀고, 어떤 때는 자기는 재밌게 한다고 이년 저년 하면서 욕이나 해댄다. 그러니까 당신, 이 교회에 오려면 깊이 생각해 보고 와라!" 합니다. 게다가 "얘, 우리 교회 오면 신앙생활하기 부담스럽다. 우리 교회는 '사명'과 '헌신'이 아니면 교회생활을 할 수가 없어!" 이렇게 말하는 사람들은 어떻게 하든지 교회의 수치와 약점을 까발리고 다니는 것입니다.

　복음에도 음지가 있고 양지가 있습니다. 양지복음은 조용기 목사님 말처럼 영혼이 잘 되고 범사가 잘 되는 만사형통, 승승장구하는 것입니다. 그러나 양지복음만 있습니까? 아닙니다. 예수 믿고 죽도록 고생만 하다가 순교하는 사람도 있습니다.

　양화진에 묻혀 있는 선교사들이 오래 전에 이 땅에 와서 얼마나 고생을 많이 했습니까? 얼마 전 국민일보에 그 호주 선교사들의 시신 8구를 마산공원묘원 한 쪽에 땅을 마련해서 묻는다는 기사가 났습니다. 그분들에게 지금까지 우리가 묘지 하나도 만들어주지 못했습니다. 그래서 이번에 공원묘지를 만들어 준다는 것입니다. 아무튼 그들은 예수 믿으라고 복음을 전하다가 죽은 게 아닙니까?

주기철, 손양원 목사님 같은 분들도 마찬가지입니다. 예수 믿고 고생이란 고생은 다하고 순교까지 하지 않았습니까? 이것이 복음의 음지입니다. 그러나 그렇다고 해서 그분들이 저주를 받았습니까? 아닙니다. 그분들에게는 복음의 음지도 축복입니다. 일반적으로는 안됐다, 불쌍하다 하겠지만 깊이 들어가면 음지복음이 축복입니다.

마찬가지로, 교회도 음지 부분이 있고 양지 부분이 있습니다. 교회도 보는 관점에 따라 음지도 양지도 될 수 있습니다. 내 도덕과 윤리와 사회적인 기준으로 보면 안 됩니다. 인간이 음지라고 생각하는 것을 하나님은 옳다고 여기실 수 있습니다.

예를 들면, 한국교회 세습목회 같은 경우 말입니다. 일단 사람이 볼 때는 음지처럼 보입니다. 물론 교회를 놓고 "내가 세웠으니까 내 소유이고 내 기업이다!"라는 차원에서 자식에게 물려 준다는 것은 말도 안 되는 일입니다. 또 "내가 결정했으니까 내 아들을 담임 목사로 인준해라!" 하는 것도 안 됩니다.

그러나 하나님의 뜻이 그러하고, 전 교인의 뜻이 그러하다면 그것을 사회적인 기준으로 판단할 수는 없다고 봅니다. 정상적인 절차로 정했다면 말입니다. 비록 내가 볼 때는 음지일 수 있습니다. 그러나 하나님께서 보실 때는 아닐 수도 있습니다.

내가 볼 때 음지이고 수치라고 생각하니까 세상에 나가서 까발리는 것 아닙니까? 그런 사람들은 성문에서 수치를 당하고 공동체의 저주를 받는다고 했습니다. 구약에서 보면 공동체로부터 멀리 떨어져 나가는 것입니다. 그러므로 우리는 우리 가족 공동체의 명예를 드러내야 합니다. 좋은 부분을 홍보해야 할 것입니다.

축복을 함께 나누고 공동체를 통해 전달해 가야 합니다.

이스라엘 가족 공동체에서도 가족 구성원들은 항상 축복을 함께 나누어야 했습니다. 모든 하나님의 축복을 나누고 살았습니다. 소산과 소득을 똑같이 분배했습니다. 그러나 그보다 중요한 것은 서로가 서로에게 축복이 되는 것이었습니다. 나를 통해 이웃에게 축복이 흘러가고 전달되어야 했습니다. 서로가 서로를 격려하며 용기를 주고 도전을 주어야 했습니다.

우리도 마찬가지입니다. 우리도 축복받아서 그 축복을 나누고 사랑해야 됩니다. 나보다 못한 사람들을 섬기고 또 그들에게 "내가 믿음으로 살고 하나님께 순종했더니 하나님이 복을 주시더라!" 하면서 복 받은 이야기를 간증하고 나누어야 합니다. 간증을 통해 다른 사람들을 격려하고 용기를 주어야 합니다.

뿐만 아니라 남에게 화가 아니라 축복이 흘러가게 하고 복이 전달되도록 해야 합니다. 언제나 나를 통해서 축복이 흘러가는 축복의 통로요, 전달자가 되어야 합니다. 괜히 남이 순종하고 헌신하려는 것을 말리면 안 됩니다. 오히려 그런 사람에게 용기를 주고 격려해야 합니다. 어떻게 말입니까? 당신의 그 생각에 하나님이 복 주시고 은혜 주실 것이라고 해야 합니다. 이것이 공동체를 세우는 것이고 힘있게 하는 것입니다.

우리 모두 이런 아름다운 교회의 구성원이 되어야 합니다. 그럴 때 공동체의 축복이 우리 모두에게 임합니다.

♪ 너는 담장 너머로 뻗은 나무
　가지에 푸른 열매처럼
　하나님의 귀한 축복이 삶에 가득히 넘쳐날거야
　너는 어떤 시련이 와도 능히
　이겨낼 강한 팔이 있어
　전능하신 하나님께서 너와 언제나 함께하시니
　너는 하나님의 사람 아름다운 하나님의 사람
　나는 널 위해 기도하며 네 길을 축복할거야
　너는 하나님의 선물 사랑스런 하나님의 열매
　주의 품에 꽃 피운 나무가 되어줘

 하나님의 기대 ⑦

하나님의 기대와 희망이 되라

말라기 1장 2-3절

우리가 다 이렇게 주님 앞에서 비정상적이고 매력이 없는 사람이었습니다. 내놓을 것이 하나도 없었습니다. 잘난 것이 하나도 없었습니다. 한 조각의 누룩이고 티끌만한 겨자씨에 불과합니다. 그런데 우리를 불러서 하나님이 쓰시는 것입니다. 우리를 통하여 하나님의 나라를 세워간다는 것입니다. 우리를 통하여 교회를 섬기게 한다는 것입니다. 얼마나 아름답고 감동적인 스토리입니까? 그래서 사도 바울은 말하고 있지 않습니까? 세상의 미련한 것들을 택하사 지혜로운 자들을 부끄럽게 하신다고 말입니다.

우리 하나님은 기대하시는 하나님입니다. 그래서 하나님은 우리를 향해 기대하고 계십니다. 무엇을 기대하십니까? 우리가 축복 받기를 기대하십니다. 우리가 은혜 받기를 기대하십니다. 그래서 우리가 복음을 전하고 하나님 나라를 확장해 가기를 원하십니다. 우리를 통하여 하나님의 나라가 건설되고 확장되기를 원하십니다.

그런데 우리가 잘나서 하나님이 기대하십니까? 아닙니다. 우리에게 능력이 있어서 기대하십니까? 아닙니다. 우리를 사랑하시기 때문에 기대하시는 것입니다. 또한 우리를 믿기 때문에 기대하시는 것입니다. 우리가 못나고 부족하지만 우리를 사랑하고 믿기 때문에 기대하시는 것입니다. 그래서 성경을 보면 우리 주님의 복음이 먼저 가난한 자들에게 전파되었다고 했습니다.

주의 성령이 내게 임하셨으니 이는 가난한 자에게 복음을 전하게 하시려고 내게 기름을 부으시고 나를 보내사 포로 된 자에게 자유를, 눈 먼 자에게 다시 보게 함을 전파하며 눌린 자를 자유롭게 하고 주의 은혜의 해를 전파하게 하려 하심이라 하였더라 (눅 4:18-19)

가난한 자의 의미

이렇게 주님의 복음이 가난한 자들에게 먼저 선포되었습니다. 그러면 이 가난한 자가 누구입니까? 여기서 '가난한 자'라는 말의 의미는 이스라엘의 사회문화적 배경에서 볼 때 우리와 약간 다릅니다.

(1) 유업을 잃어버린 자입니다.

이스라엘에 있어서 유업은 정말로 중요한 것입니다. 그 유업은 하나님이 주셨습니다. 그리고 그 하나님이 주신 유업을 조상들로부터 계속 이어받는 것입니다. 유업의 가장 대표적인 것이 땅입니다. 그래서 땅은 유대인들에게 있어서 절대로 사고팔 수 없다고 생각했습니다. 또 어쩔 수 없이 땅을 팔았다 하더라도 희년이 되면 다시 땅을 돌려받았습니다. 그만큼 유업을 중요하게 생각했습니다. 그래서 어떠한 연유로 그 유업을 잃어버린 사람은 가난하다고 생각했습니다.

(2) 정상에서 벗어난 상태를 말합니다.

다른 말로 말하면 잃어버린 상태를 말합니다. 관계적인 상태, 즉 소유를 잃어버리고 건강을 잃어버린 상태, 이를 가난이라고 생각했습니다. 그런 관계적인 면에서 볼 때 고아와 과부가 가난합니다. 고아는 부모를 잃고, 과부는 남편을 잃었습니다. 그런데 조금 더 넓은 의미에서 가난한 자가 있습니다. 명예를 잃어버리고, 권력을 잃어버리는 것도 가난하다고 여겼습니다. 그뿐입니까? 건강을 잃어버린 자들도 가난한 자라고 했습니다.

예수님의 관점에서 볼 때는 비정상적인 사람도 다 가난한 자가 되었습니다. 예를 들어서 신체가 불구인 사람, 즉 소경과 귀머거리, 지체부자유자, 벙어리, 귀신들린 사람……다 가난한 사람들입니다. 건강을 잃어버린 사람은 정상인이 아니지 않습니까? 앉은뱅이, 소경, 손 마른 사람 등 이런 사람을 다 가난한 사람으로 여겼습니다.

주님은 이런 가난한 자들에게 복음을 전하셨습니다. 그리고 이런 사람들에게 치유의 역사를 행하셨습니다. 그 비정상적인 사람들을 정상적인 사람으로 만들어서 성전에 들어갈 자격을 만들어 준 것입니다. 원래 세례 요한이라고 하는 사람은 예수님을 "세상 죄를 지고 가는 하나님의 어린 양이요, 메시아"라고 소개한 사람입니다.

> 이튿날 요한이 예수께서 자기에게 나아오심을 보고 이르되 보라 세상 죄를 지고 가는 하나님의 어린 양이로다 (요 1:29)

세례 요한은 예수님을 소개하면서 사람들에게 세례를 베풀었습니다. 그는 바른 말을 너무 많이 하다가 결국 감옥에 들어가게 되었습니다. 그런데 감옥에 오래 갇혀서 신앙의 정체성이 희미해지고 예수님에 대한 확신이 흐려졌습니다. 그래서 제자들을 예수님께 보낸 것입니다. "진짜 오실 이가 당신입니까? 정말 당신이 메시아입니까?"

> 요한이 옥에서 그리스도께서 하신 일을 듣고 제자들을 보내어 예수께 여짜오되 오실 그이가 당신이오니이까 우리가 다른 이를 기다리오리이까 (마 11:2-3)

세례 요한이 볼 때 예수님이 메시아라면 무언가 대변혁을 일으키고 대단한 메시아의 능력을 발휘해야 하는데 그렇지 않았던 것입니다. 그래서 예수님께 제자들을 보내어 물어 보았습니다. 우리도 신앙생활 할 때 그럴 때가 있지 않습니까. 주님을 너무나 사랑해서 십자가의 길을 가고, 죽고 못 살도록 사명자의 길을 가다가도 괜히 아무것도 아닌 것을 가지고 시험에 드는 때가 있습니다. 사명에 대해 의구심이 생기고 모든 것을 내려 놓고 싶어지기도 합니다. 그런데 주님이 이런 세례 요한에게 어떻게 대답하셨습니까?

> 맹인이 보며 못 걷는 사람이 걸으며 나병환자가 깨끗함을 받으며 못 듣는 자가 들으며 죽은 자가 살아나며 가난한 자에게 복음이 전파된다 하라 (마 11:5)

무슨 말입니까? 예수님을 통해서 가난한 자들에게 복음이 전파되었을 뿐만 아니라 그 가난한 자들과 불구자들이 치유되고 있다는 것입니다. 그들이 하나님의 성전에 들어가서 하나님을 예배하게 되었고, 하나님과 정상적인 관계를 가질 수 있도록 만들어 놓았다는 것입니다. 소외받는 사람들을 하나님과 올바른 관계를 맺도록 회당에도 들어가게 하셨습니다. 바로 이것이 하나님의 나라라는 것입니다.

하나님의 나라는 하나님 앞에 나아갈 수 없는 자들이 나아가게 되고, 하나님과의 관계가 뒤틀려 있는 자들이 정상적인 관계로 바뀌어 하나님의 원칙과 다스림 속에 살아가는 것입니다. 바로 그 세계가 하나님 나라입니다. 예수님께서는 이런 진정한 하나님 나라를 건설하고 계셨습니다.

우리 예수님은 건강한 자에게 먼저 찾아가지 않았습니다. 또 정상적인 사람을 부르지 않았습니다. 비정상적인 사람들에게 복음을 전하고, 비정상적인 사람을 고쳐서 쓰셨습니다. 이것이 가난한 자들의 복음이고, 하나님 나라의 복음입니다. 비정상적인 사람들을 찾아가서 고치셨고, 그들을 하나님 나라의 일꾼으로 부르셨습니다. 그리고 그들로 하여금 교회를 세우고, 하나님의 나라를 건설하게 하셨습니다.

다시 말하면 과거의 비정상적인 사람들에게 하나님께서 기대하시는 것입니다. 그런 연약하고 가난하고 비정상적인 사람들로 하여금 교회가 부흥되고 하나님 나라가 확장되도록 우리 하나님은 기대하십니다. 그래서 사도 바울은 고린도전서 1장에서 이렇게 말하지 않았습니까? 하나님은 이 세상의 똑똑하고 건강하고 능력 있는 사람을 부르신 것이 아니라 미련하고 아주 어리석은 사람들을 불러서 하나님 나라를 세워간다고 말입니다.

> 형제들아 너희를 부르심을 보라 육체를 따라 지혜로운 자가 많지 아니하며 능한 자가 많지 아니하며 문벌 좋은 자가 많지 아니하도다 그러나 하나님께서 세상의 미련한 것들을 택하사 지혜 있는 자들을 부끄럽게 하려 하시고 세상의 약한 것들을 택하사 강한 것들을 부끄럽게 하려 하시며 하나님께서 세상의 천한 것들과 멸시 받는 것들과 없는 것들을 택하사 있는 것들을 폐하려 하시나니 이는 아무 육체도 하나님 앞에서 자랑하지 못하게 하려 하심이라 (고전 1:26-29)

하나님은 세상의 잘나고 똑똑하고 지혜 있는 자들을 부르신 것이 아니라 천하고 멸시받고 가진 것이 없는 사람들을 부르셨습니다. 그런데 그런 못난 사람들을 통해서 하나님 나라를 세워가고 확장시켜 가겠다는 것입니다. 이 말을 바꾸어서 말하면 하나님은 우리같이 못나고 부족한 사람을 부르셔서 우리에게 큰 기대와 희망을 걸고 계신다는 말입니다.

예를 들어 제가 조금 더 잘났으면 얼마나 좋겠습니까. 적어도 조지 알렌처럼 키도 크고 멋있게 생겼으면 얼마나 좋겠습니까. 그런데 키도 작고 여러가지로 부족한 것 투성입니다. 그러나 하나님은 저 같은 사람을 통해서 교회를 이루어가시고, 하나님을 섬기는 데 사용하십니다.

사실 우리 교회에 20대, 30대 안에 들어가는 재벌이 있습니까? 이렇게 많은 성도들 가운데 50층, 60층 빌딩을 가지고 있는 사람이 있습니까? 또 아무리 인물이 좋아도 여기 미스코리아, 미스터 코리아가 있습니까? 우리 가운데 이대, 숙대 나온 분이 많다고 하지만 하버드에서 박사 학위 받은 사람이 있습니까? 그런 사람들에게 비하면 우리는 못났잖습니까.

그러나 하나님은 우리같이 못난 사람을 불러서 부족한 것을 고치셨습니다. 그렇게 해서 하나님 앞에 나아가 하나님의 일을 하게 하셨습니다. 그리고 하나님은 우리에게 기대하시는 것입니다. 이러한 하나님이 얼마나 감사합니까? 어떻게 하나님을 우리가 찬양하지 않을 수 있습니까? 성경을 보면 얼마든지 이런 이야기가 많이 나옵니다.

유대인의 입장에서 본 정상적인 남자

원래 유대인의 입장에 있어서 정상적인 남자의 모습은 키도 훤칠해야겠지만 머리카락이 많아야 합니다. 그런 사람들이 고대 이스라엘에서는 남자 중의 남자였습니다.

그 다음에는 수염이 많아야 합니다. 몸에 털이 많을수록 남자답다고 여겼습니다. 이런 모습에서 조금 부족함을 보인 남자는 성전에 들어갈 수 없습니다. 그래서 제사장들은 절대 머리를 깎으면 안 되었습니다. 하나님이 성전에 계시는데 머리를 깎고 들어가면 안 됩니다. 또 수염을 깎아도 들어갈 수가 없습니다. 머리카락이나 수염이 많다는 것은 하나님이 주신 생명력의 왕성함을 의미했습니다. 뿐만 아니라 머리카락과 수염은 하나님과의 관계를 나타내주는 하나의 바로미터였습니다.

그런 의미에서 구약성경을 보면 나실인들은 절대로 머리에 삭도를 대지도 말고 깎지도 말라고 했습니다. 머리는 하나님과의 관계일 뿐만 아니라 로드십(Lordship) 신앙에 대한 바로미터였습니다.

삼손은 나실인으로서 머리에 삭도를 대지 않았습니다. 그러나 삼손이 머리에 삭도를 대었을 때 하나님과의 관계가 깨어지고 능력이 떠나가 버렸습니다.

이렇게 머리카락과 수염을 길게 하는 것은 하나님과의 관계에 있어서 중요한 요소였습니다. 로드십 신앙이 잘 되어 있다는 하나의 외적인 모습이었습니다. 그래서 지금도 정통 유대인들은 수염을 길게 하고 머리도 길게 하고 다닙니다. 우리 가운데 몸에 털이 많은 사람이나 머리카락이 많은 사람은 구약으로 말하면 축복 받은 사람입니다. 유대인들에게 있어서 소경이나 귀머거리나 앉은뱅이가 성전에 들어갈 수 없는 것처럼, 머리카락이 없는 대머리나 수염이 없는 사람도 못 들어갑니다. 하나님 앞에 생명력이 없고 온전치 못한 사람은 성전 출입이 제한되었습니다.

비정상인 야곱이 쓰임받은 이유

그런 고대 근동의 사회문화적인 배경에서 볼 때 야곱이 정상입니까? 에서가 정상입니까? 당연히 에서가 정상입니다. 성경을 보면 에서는 털이 엄청나게 많은 사람이고 야곱은 매끈매끈한 사람이었습니다.

> 야곱이 그 어머니 리브가에게 이르되 내 형 에서는 털이 많은 사람이요 나는 매끈매끈한 사람인즉 (창 27:11)

오죽하면 야곱이 축복기도를 도둑질하러 갈 때 염소 털로 손등을 가렸겠습니까? 에서는 털도 많고 남성적이고 야성적인 사람입니다. 밖으로 사냥하러 다니는 모습이 얼마나 남자답습니까. 그런데 야곱은 항상 엄마 치마폭에 싸여서 놀고 무모증이 있는 사람처럼 매끈매끈합니다. 한 마디로 야곱은 남자로서의 수치스러운 모습을 갖고 있었다고 말할 수 있습니다.

야곱의 행동도 수치의 연속이었습니다. 에서는 사냥해서 자기 가족을 부양하고 남자다운 모습을 보이지만, 야곱은 위기를 당했을 때 가족을 두 떼로 나누어서 가게 하고 자기는 맨 뒤에 숨어서 갑니다. 이 얼마나 비정상적이고 수치스러운 사람입니까? 또 자기 딸 디나가 하몰의 아들에게 강간당했는데도 속수무책으로 두려워 떨고만 있습니다. 참 비겁하고 무능한 사람입니다.

그런데 하나님은 에서를 쓰지 않고 야곱을 사용하셨습니다. 이런 수치스러운 야곱을 얼마나 사랑하셨습니까? 그리고 야곱에게 기대하시고 희망을 가지셨습니다. 이것 역시 신약적인 표현으로 본다면 가난한 자들에게 복음이 전파되는 것입니다. 또한 비정상적이고 수치스러운 사람들을 불러서 구속사가 이루어지고 하나님의 나라가 이루어지도록 하는 것입니다. 이것이 하나님의 기대였고 사랑이었고 희망이었습니다.

말라기 1장 2절 말씀은 어떤 이야기입니까? 이스라엘 백성들의 하나님에 대한 사랑이 식었습니다. 옛날의 불타는 사랑이 식었습니다. 하나님의 사랑을 의심했습니다. 그때 하나님께서 이스라엘 백성들에게 내가 너희들을 사랑한다고 말씀하신 것이 아닙니까?

 여호와께서 이르시되 내가 너희를 사랑하였노라…… (말 1:2 상)

그런데 그들이 자꾸 말대꾸를 합니다. "하나님이 우리를 어떻게 사랑하셨습니까?" "언제 사랑하셨습니까?" "그게 무슨 소리입니까?" "하나님이 정말 우리를 사랑하신다면 우리가 왜 이렇게 살아가야 합니까?" "우리 민족을 사랑했으면 우리 민족이 왜 70년 동안이나 바벨론에서 종 노릇을 해야 한다는 말입니까?" 한마디로 하나님을 향한 그들의 신뢰가 깨진 것입니다. 하나님의 사랑을 의심하고 불평, 불만을 표출하고 있습니다.

그러자 우리 주님께서 뭐라고 말씀하십니까? "내가 에서는 미워하고 야곱은 사랑했다"고 말씀하셨습니다. "에서가 형이고 남자다운 남성미를 가졌지만 에서를 버리고 야곱을 사랑했다. 그런 것처럼 나는 너희를 편협하고 비정상적으로 사랑하고 있지 않느냐?"

> 여호와께서 이르시되 내가 너희를 사랑하였노라 하나 너희는 이르기를 주께서 어떻게 우리를 사랑하셨나이까 하는도다 나 여호와가 말하노라 에서는 야곱의 형이 아니냐 그러나 내가 야곱을 사랑하였고 에서는 미워하였으며 그의 산들을 황폐하게 하였고 그의 산업을 광야의 이리들에게 넘겼느니라 (말 1:2-3)

이 말이 무슨 말입니까? 에서는 남자다움의 명예도 있었고 야성도 있었습니다. 더구나 그는 장자가 아닙니까? 그럼에도 매끈하고 여성스러운 야곱, 남성으로서의 수치를 다 가지고 있는 야곱을 선택하고 사랑하셨습니다. 그러므로 이 말은 "너희들이 뭐가 잘났느냐?"라는 말입니다.

"이스라엘 백성들아 너희들이 잘난 것이 뭐가 있느냐? 그래도 내가 너희들을 사랑하지 않았느냐? 내가 너희를 부르지 않았느냐? 내가 너희들을 나의 선민으로 삼지 않았느냐? 그리고 너희들이 부족하고 수치스러운 부분이 많지만 나는 너희들에 대한 희망을 버리지 않았고 기대를 저버리지 않았다. 왜 그런 줄 알아? 내가 너희들을 사랑했기 때문이다."

얼마나 위로가 되는 말씀입니까? 얼마나 격려가 되는 말씀입니까? 우리는 누구의 후손이고 누구의 후예입니까? 야곱의 후예입니다. 에서의 후손이 아닙니다. 세상에는 에서같이 잘나고 똑똑한 사람들이 얼마나 많은지 모릅니다. 세상 사람들이 호걸처럼 배짱 있게 노는 모습들을 보십시오, 얼마나 남자답습니까? 저들이 2차, 3차 가서 수표 몇 장씩 쫙쫙 뿌리면서 기분 내고 거나하게 마시면서 돈 쓰는 배포를 보십시오. 이것이 에서의 행태입니다.

우리가 솔직히 맥추감사헌금 할 때 보면 신사임당 한 장 내는 것도 벌벌 떨 때가 있지 않습니까? 우리에게 얼마나 야곱처럼 매끈매끈하고 쫀쫀하고 소심하고 수치스러운 부분이 많습니까?

그럼에도 불구하고 하나님은 우리를 부르셨습니다. 우리를 불러서 교회의 일꾼이 되게 하시고 하나님 나라의 건설과 확장을 위해서 쓰십니다. 이처럼 우리에게 기대를 걸고, 우리를 향한 희망의 끈을 놓지 않는 이것이 하나님의 은혜와 축복이 아니고 무엇이겠습니까? 그러므로 우리는 하나님께 감사해야 합니다. 하나님을 찬양해야 합니다.

엘리사를 통한 교훈

우리는 엘리사를 잘 압니다. 엘리사는 원래 하나님의 종이 될 자격이 없었습니다. 특별히 제사장이나 선지자는 절대로 될 수 없었습니다. 왜 그런지 아십니까? 엘리사가 대머리였기 때문입니다.

> 제사장들은 머리털을 깎아 대머리 같게 하지 말며 자기의 수염 양쪽을 깎지 말며 살을 베지 말고 그들의 하나님께 대하여 거룩하고 그들의 하나님의 이름을 욕되게 하지 말 것이며 그들은 여호와의 화제 곧 그들의 하나님의 음식을 드리는 자인즉 거룩할 것이라 (레 21:5-6)

제사장들은 머리털을 깎아 대머리처럼 하지 말고 수염도 깎지 말라고 했습니다. 이스라엘의 구전 율법인 미쉬나를 보면 대머리는 성전에도 들어가지 못하고 절대 제사장 자격이 없다고 했습니다. 그러고 보면 오늘 우리는 정말 감사해야 됩니다. 구약 시대에 대머리는 주의 종도 되지 못하였습니다. 그러나 이제는 신약 시대가 되어서 다 들어올 수 있습니다. 그렇다고 대머리만 감사를 해야 합니까? 성경에 무엇이라고 말씀합니까?

> 아론에게 말하여 이르라 누구든지 너의 자손 중 대대로 육체에 흠이 있는 자는 그 하나님의 음식을 드리려고 가까이 오지 못할 것이니라 누구든지 흠이 있는 자는 가까이 하지 못할지니 곧 맹인이나 다리 저는 자나 코가 불완전한 자나 지체가 더한 자나 발 부러진 자나 손 부러진 자나 등 굽은 자나 키 못 자란 자나 눈에 백막이 있는 자나 습진이나 버짐이 있는 자나 고환 상한 자나 제사장 아론의 자손 중에 흠이 있는 자는 나와 여호와께 화제를 드리지 못할지니 그

는 흠이 있은즉 나와서 그의 하나님께 음식을 드리지 못하느니라 (레 21:17-21)

구약 시대에는 소경이나 지체장애인 뿐만 아니라 코가 못생긴 사람도 성전에 들어가지 못했습니다. 심지어는 팔을 다치거나 다리를 다쳐서 깁스한 사람들도 못 들어갑니다. 곱추나 난쟁이, 키가 작은 사람도 못 들어갑니다. 그리고 눈에 백막이 있는 자, 피부병이 있는 자, 고환이 상한 자들도 못 들어갑니다. 하여간 여기서는 남자들만 이야기했지만 여자도 따로 있습니다. 키가 작아도 못 들어가고, 코가 못생겨도 못 들어갑니다. 그런데 오늘날 우리는 그 누구를 막론하고 교회에 다 나와 예배드릴 수 있으니 얼마나 감사합니까?

다시 본론으로 돌아가서 말씀드립니다. 엘리사가 사실은 주의 종이 될 자격이 없었습니다. 대머리였기 때문입니다. 그런데 하나님께서는 엘리사를 불러서 쓰셨습니다. 하나님께서는 엘리사를 크게 쓰시려고 기대하고 희망의 끈을 놓지 않았습니다.

하나님은 엘리사를 이스라엘의 위대한 주의 종으로, 대선지자로 쓰시고, 전무후무한 역사를 일으키지 않았습니까? 그런데 어린 꼬마 철부지 놈들이 엘리사를 건드립니다.

 엘리사가 거기서 벧엘로 올라가더니 길에 행할 때에 젊은

아이들이 성에서 나와서 저를 조롱하여 가로되 대머리여 올라가라 대머리여 올라가라 하는지라 (왕하 2:23)

엘리사가 지나가는데 이놈들이 나와서 "대머리여 올라가라, 대머리여 올라가라!" 하고 약을 올립니다. 그러자 엘리사가 격분하여 그놈들을 저주해 버렸습니다. 그들이 하나님의 종을 조롱하였기 때문입니다. 엘리사가 하나님께 큰 은혜를 받고 큰 역사를 이루기 위해 엘리야의 갑절의 능력을 받고 오는데 말입니다.

엘리사가 그들을 저주하자 수풀에서 암콤 두 마리가 기다렸다는 듯이 나와서 젊은 아이들 중 42명을 찢어 버렸습니다. 다 죽었다는 말은 안 나왔으니까 산 사람도 있었을 것입니다. 그러나 42명이 죽었습니다.

엘리사가 돌이켜 저희를 보고 여호와의 이름으로 저주하매 곧 수풀에서 암콤 둘이 나와서 아이들 중에 사십이 명을 찢었더라 (왕하 2:24)

엘리사가 여호와의 이름으로 저주하자 수풀에서 암콤 두 마리가 나와 아이들 42명을 다 찢어버렸습니다. 이런 이야기를 들으면 엘리사가 해도 너무했다고 생각지 않습니까? 그렇게도 생각할 수 있습니다. 그러나 우리는 하나님 편에서 생각해야 합니다. 주의 종 엘리사에게 얼마나 대머리 콤플렉스가 있었겠습니까? 한 마디로 엘리사의 정체성이 파괴된 것입니다.

그러므로 이 말씀은 엘리사의 잔인성을 고발하는 것이 아니라 엘리사가 하나님의 은혜로 진정한 선지자가 되었고, 또 선지자로 쓰임 받고 있는 그 정체성이 중요함을 확인시켜주는 말입니다. 비정상적인 사람을 불러 쓰시는 하나님의 은혜를 높이고, 선지자의 확실한 정체성을 확인시켜 주는 말씀으로 받아들여야 합니다.

당시 문화에서 볼 때 엘리사는 주의 종이 될 자격이 없었지만 하나님이 불러 주셨습니다. 그런데 이 철부지들이 엘리사를 조롱하고 장난을 쳤습니다. 어떤 의미로 조롱하는 것이었을까요? 이런 말이었을 것입니다. "엘리사여! 하나님께 은혜를 받지도 못한 대머리가 무슨 하나님의 선지자 노릇을 한다고 그래? 대머리 주제에 무슨 선지자야? 잘 가봐라. 대머리 아저씨! 한 번 벧엘에 가봐, 벧엘이 하나님의 집이라고 하지만 벧엘에 올라간다고 해서 하나님이 당신을 쓰시는가 봐라, 무슨 대머리가 선지자가 된다고 그래?"

바로 이런 의미가 있습니다. 그래서 엘리사는 만인들에게 자기가 하나님 앞에 부름 받은 종이라는 사실을 보여주어야 했습니다. 하나님의 능력이 자기에게 임한 떳떳한 주의 종이라는 것을 보여주어야 했습니다. 적어도 하나님의 선지자로서 정체성이 확실하다는 모습을 만인 앞에 보여주어야 했습니다. 그래서 소문이 이스라엘 안에 쫙 나야 합니다.

그 당시에는 하나님의 종의 정체성이 얼마나 중요했는지 모릅니다. 그래야 선지자의 권위가 생기는 것입니다. 엘리야도 갈멜산 상에서 기도할 때 뭐라고 기도했습니까? "여호와가 참 하나님이 되심과 내가 진짜 하나님의 종인 것을 알게 하옵소서."

> 저녁 소제 드릴 때에 이르러 선지자 엘리야가 나아가서 말하되 아브라함과 이삭과 이스라엘의 하나님 여호와여 주께서 이스라엘 중에서 하나님이 되심과 내가 주의 종이 됨과 내가 주의 말씀대로 이 모든 일을 행하는 것을 오늘날 알게 하옵소서 (왕상 18:36)

이와 같이 주의 종의 정체성이 중요합니다. 그래서 엘리야도 주의 종의 정체성을 위해 기도했고, 그의 제자 엘리사도 주의 종으로서의 확실한 정체성을 보여준 것입니다. 결국 엘리사의 저주대로 그들은 저주를 받았고 그 결과 그가 대머리임에도 불구하고 하나님이 위대하게 쓰시는 사람이라는 사실을 만방에 보여 주었습니다. 엘리사는 기적의 종, 능력의 선지자였던 것입니다.

결국 무슨 이야기를 하려고 합니까? 하나님은 구약 때도 자격 없는 사람을 불러서 쓰시는 경우가 있었습니다. 비정상적인 사람을 불러서 쓰시는 경우가 많았습니다. 그들을 사랑하고 믿고 기대하며 그들을 향한 소원을 품고 계셨던 것입니다. 그들을 통하여 하나님의 나라가 회복되고 예수 그리스도의 구속사가 이루어지도록 말입니다.

압살롬이 아닌 솔로몬을 쓰신 하나님

압살롬과 솔로몬의 경우도 마찬가지입니다. 압살롬은 얼마나 남자다웠는지 모릅니다. 털도 많고 머리카락도 길고 또 키도 컸습니다. 야성적이었습니다. 얼마나 머리털이 많았는지 이발할 때 머리털만 달아도 왕의 저울로 이백 세겔이었습니다.

> 온 이스라엘 가운데 압살롬같이 아름다움으로 크게 칭찬받는 자가 없었으니 저는 발바닥부터 정수리까지 흠이 없음이라 그 머리털이 무거우므로 연말마다 깎았으며 그 머리털을 깎을 때에 달아 본즉 왕의 저울로 이백 세겔이었더라 (삼하 14:25-26)

머리카락 무게만 해도 이백 세겔이었습니다. 그런데도 하나님은 이런 압살롬을 버리고 솔로몬을 왕으로 삼으셨습니다. 어떤 사람은 이렇게 질문할지 모릅니다. 요셉은 바로 왕 앞에 나아갈 때 머리털과 수염을 깎고 가지 않았습니까? 그것은 이스라엘 문화가 아니고 고대 이집트 문화였기 때문입니다. 고대 이집트 문화에서는 전부 머리털을 깎고 왕에게 나아갔습니다.

> 이에 바로가 사람을 보내어 요셉을 부르매 그들이 급히 그를 옥에서 내놓은지라 요셉이 곧 수염을 깎고 그의 옷을 갈아 입고 바로에게 들어가니 (창 41:14)

이것은 문화가 이스라엘과 반대이기 때문입니다. 이집트 박물관에 가 보면 이집트 남자들은 전부 머리를 밀어버린 것을 볼 수 있습니다. 그것은 이집트 문화이고, 우리는 지금 이스라엘의 문화적 배경에서 살펴보는 것입니다.

결국 제가 드리고 싶은 말씀은, 우리 하나님은 어떤 하나님이시냐 하는 것입니다. 우리 하나님은 정상적이고 파워 있는 사람보다는 야곱이나 엘리사나 솔로몬같이 비정상적인 사람을 쓰신다는 말입니다. 정상적인 에서나 압살롬 같은 사람을 쓰지 않고, 야곱을 쓰시고 엘리사를 쓰시고 솔로몬을 쓰셨다는 것입니다.

뿐만 아니라 그 비정상적인 사람을 불러 쓰실 뿐만 아니라 항상 기대를 갖고 계십니다. 항상 희망을 가지십니다. 이런 사람을 통해서 당신의 영광을 나타내고 교회를 부흥시키고 하나님 나라를 회복하기를 원하십니다. 그런데 그 비정상적인 사람들이 누구입니까? 오늘 우리 자신들이라는 말입니다. 그렇기 때문에 우리가 하나님 앞에 감격하고 감사할 수밖에 없습니다.

이처럼 비정상적인 사람을 쓰시는 하나님의 모습을 가장 잘 아는 분이 누구였습니까? 바로 예수님이었습니다. 예수님이 이처럼 상징적인 행동을 하셨는데, 포도나무 밭에서 무화과 나무를 심는 행동을 하셨습니다. 완전히 모순입니다. 비정상적입니다.

포도나무 밭에 무화과를 심으라

당시 사회문화는 한 종류의 실과 나무를 심는 밭에 다른 종류의 실과를 절대로 심지 않았습니다. 더구나 포도나무는 무화과 나무보다 훨씬 더 귀한 나무였습니다. 그러므로 포도원에 무화과 나무를 심는다는 것은 미친 행동이 아닐 수 없습니다. 그러나 우리 예수님은 이 비정상적인 행동을 통해서 오늘도 하나님의 나라를 이루고 복음을 확장해 가기를 원하신다는 것을 보여주셨습니다.

> 이에 비유로 말씀하시되 한 사람이 포도원에 무화과 나무를 심은 것이 있더니 와서 그 열매를 구하였으나 얻지 못한지라 포도원 지기에게 이르되 내가 삼 년을 와서 이 무화과나무에서 열매를 구하되 얻지 못하니 찍어버리라 어찌 땅만 버리게 하겠느냐 대답하여 이르되 주인이여 금년에도 그대로 두소서 내가 두루 파고 거름을 주리니 이 후에 만일 열매가 열면 좋거니와 그렇지 않으면 찍어버리소서 하였다 하시니라 (눅 13:6-9)

이스라엘에서는 나무를 심어서 열매가 맺히더라도 3년 동안은 먹지 않습니다. 왜냐하면 할례 받지 못한 것으로 여겼기 때문입니다(레 29:23). 그러므로 이 밭의 주인은 몇 년 만에 밭을 찾았는가 하면 무려 8년 만입니다. 왜 그럴까요? 다음 해인 4년째는 첫 열매이기에 자기 것이 아닙니다. 하나님의 것입니다. 그래서 5년째 되던 해에 가보았는데 열매가 없고, 6년째에도 열매가 안 열렸습니다. 그리고 7년째는 안식년이니까 기대를 안 했을 것이고 그 다음 해인 8년째에 온 것입니다.

그런데 8년째 되는 그 해에도 열매가 보이지 않자 그 나무를 찍어 버리라고 한 것입니다. 그때 포도원지기(예수 그리스도)가 말합니다. "금년에도 그대로 두소서!" 무화과 나무에 대한 기대와 희망을 버리지 않았다는 것입니다. 무슨 뜻입니까? 하나님의 나라는 이런 비정상적인 행위를 통해서 시작되었음을 소개하고 있습니다. 우리 예수님이야말로 비정상적인 사람들로부터 출발했습니다. 하나님의 나라를 건설하고 확장하기 위해 비정상적인 사람들을 불러서 끝까지 기대와 희망을 버리지 않고 있는 것을 소개하고 있습니다.

이것을 우리는 예수님의 여러 가지 비유를 통해서도 잘 알 수 있습니다. 예수님은 하나님 나라의 비유를 겨자씨를 통해서 설명하셨습니다.

> 또 비유를 들어 이르시되 천국은 마치 사람이 자기 밭에 갖다 심은 겨자씨 한 알 같으니 이는 모든 씨보다 작은 것이로되 자란 후에는 풀보다 커서 나무가 되매 공중의 새들이 와서 그 가지에 깃들이느니라 (마 13:31-32)

겨자씨 교훈

겨자씨 한 알을 밭에 심었습니다. 이스라엘에 가면 겨자나무가 천지여서 심을 필요도 없습니다. 그런데 밭에 겨자씨 한 알을 심어 놓았습니다. 이것도 사람들이 볼 때는 미친 짓입니다. 무화과나무를 포도밭에 심는 것과 같습니다. 그렇게 흔해빠진 겨자나무입니다. 그런데 그 겨자씨를 심어 놓고 어떤 기대를 가졌습니까? 그 나무가 자라서 새들이 깃들고 겨자나무 숲이 우거지기를 기대한 것입니다.

아니 겨자나무가 크면 얼마나 크다고 그런 기대를 가집니까? 실제로 이스라엘에 가보면 겨자나무가 그렇게 크지도 않습니다. 그런데 한 일 년 씨가 자라서 큰 나무가 되면 거기서 열매가 떨어질 것이고, 또 일 년, 이 년, 삼 년이 지나면 겨자나무가 무성하게 자랄 것입니다. 주님은 그때를 희망하고 기대하며 기다리시는 것입니다.

훗날 나무가 무성하게 자라면 새들이 와서 깃들기도 한다는 것입니다. 이것은 무엇을 말합니까? 우리와 같이 보잘것없고 미미한 겨자씨를 하나님의 밭에 심어 놓으셨습니다. 완전히 비정상적인 것입니다. 그런데 그런 행위를 통해서 하나님 나라가 확장되고 건설되는 것을 보여줍니다. 우리같이 미약한 사람이요, 비정상적인 사람을 통하여 하나님의 나라를 이루어 가신다는 것을 보여 주고 가르쳐 준 것입니다.

가루 서 말 속의 누룩 한 조각의 교훈

또한 예수님은 하나님 나라를 가루 서 말 속에 넣은 누룩 한 조각으로 비유했습니다.

> 또 비유로 말씀하시되 천국은 마치 여자가 가루 서 말 속에 갖다 넣어 전부 부풀게 한 누룩과 같으니라 (마 13:33)

당시 이스라엘에서는 누룩을 이렇게 만들었습니다. 빵 한 조각을 물에 적셔 발효시키면 며칠이 지나 푸른곰팡이가 생깁니다. 그것을 한 덩이 누룩이라고 하는데 이 한 조각 누룩을 넣는다고 금방 가루 서 말이 부풀겠습니까? 현실적으로 오래 걸립니다. 어느 세월에 그것을 다 부풀게 하겠습니까? 그러므로 현실적으로 볼 때는 완전히 비정상적인 행동입니다. 차라리 한 주먹을 넣지요. 그러나 그 누룩을 넣은 여자의 기대와 희망이 무엇인지 아십니까? 가까운 장래에 가루 서 말이 다 부풀게 되기를 기대하는 것입니다.

겨자씨와 같이 누룩도 마찬가지입니다. 주님은 이런 비유를 통해서 "아! 겨자씨가 자라는구나, 아무짝에도 쓸모없는 겨자씨가 아니라, 앞으로 겨자씨가 자라서 울창한 숲을 이루겠구나!" 이것을 기대하고 희망하는 것입니다. 누룩에 이런 기대와 희망을 가지고 있는 것이 주님의 마음이고 주님의 기대라는 말입니다. 누구를 위해서입니까? 우리 모두를 위해서입니다. 바로 우리가 이렇게 못나고 부족한 겨자씨요, 누룩이기 때문입니다.

하나님은 우리가 보잘것없는 겨자씨 같고 누룩 같은 미미한 사람이지만 우리를 향하여 크게 기대하십니다. 하나님께서 우리를 향하여 희망을 놓지 않고 이처럼 우리를 사랑하고 기대하고, 우리를 볼 때마다 가슴이 설레이신단 말입니다. 이 얼마나 아름다운 일입니까? 얼마나 감동적인 복음입니까?

우리가 다 이렇게 주님 앞에서 비정상적이고 매력이 없는 사람이었습니다. 내놓을 것이 하나도 없었습니다. 잘난 것이 하나도 없었습니다. 한 조각의 누룩이고 티끌만한 겨자씨에 불과합니다. 그런데 우리를 불러서 하나님이 쓰시는 것입니다. 우리를 통하여 하나님의 나라를 세워가십니다. 우리를 통하여 교회를 섬기게 하십니다. 얼마나 아름답고 감동적인 스토리입니까?

사도 바울은 고린도전서에서 이렇게 말하고 있습니다. 하나님께서 세상의 미련한 것들을 택하사 지혜로운 자들을 부끄럽게 하신다고 말입니다.

형제들아 너희를 부르심을 보라 육체를 따라 지혜로운 자가 많지 아니하며 능한 자가 많지 아니하며 문벌 좋은 자가 많지 아니하도다 그러나 하나님께서 세상의 미련한 것들을 택하사 지혜 있는 자들을 부끄럽게 하려 하시고 세상의 약한 것들을 택하사 강한 것들을 부끄럽게 하려 하시며 하나님께서 세상의 천한 것들과 멸시 받는 것들과 없는 것들을 택하사 있는 것들을 폐하려 하시나니 이는 아무 육체도 하나님 앞에서 자랑하지 못하게 하심이라 (고전 1:26-29)

하나님은 이렇게 미련하고 부족한 우리를 향해 기대하시는 바보 하나님입니다. 끝까지 바보처럼 우리만을 바라보고, 믿고, 희망을 버리시지 않는 하나님입니다.

희망 목회, 감격의 삶

저도 이런 기대 목회를 하고, 희망 목회를 합니다. 저는 개척교회 때부터 성도들을 볼 때, 현재의 성도의 모습으로 보지 않았습니다. 겨자씨 같고 누룩 같지만, 가락동, 정자동, 구미동 때에도 누룩 같은 성도였지만 하나님께서 가면 갈수록 반드시 복 주시고 기적을 베풀어 주실 줄로 기대하였습니다. 저의 이 기대와 희망은 앞으로도 계속될 것입니다. 지금은 겨자씨 같고, 누룩 같지만 미래의 성도들의 모습을 보면 가슴이 뜁니다. 그렇기 때문에 성도들에게 희망을 두고, 그들을 세워주고 기도하는 것입니다.

조금 부족하고 연약해도 믿고 기대하고 희망을 가집니다. 중직자들을 세울 때도 자격이 있어서 세우는 것이 아니라 미래를 보고 세웠습니다. 그런데 몇 년에 한 번씩 그런 기대를 저버리고 조그마한 문제 때문에 시험에 드는 사람들이 있습니다. 꼭 몇 년에 한 번씩 나옵니다. 이런 사람은 목사의 마음을 얼마나 아프게 하는지 모릅니다.

그러나 우리를 향한 하나님의 기대하는 마음을 알고, 그 사랑과 희망의 가슴을 안다면 우리는 하나님을 실망시켜서는 안 됩니다. 하나님의 기대를 절대로 저버리는 행동을 하면 안 됩니다. 절대 우리 하나님의 가슴에 상처를 주면 안 됩니다.

그저 부족하지만 이렇게 고백할 뿐입니다. "주여! 불러주셔서 감사합니다. 이런 겨자씨 같은 사람이 무슨 필요가 있다고 하나님의 밭에 심어 주신단 말입니까? 이런 보잘것없는 작은 누룩 같은 사람이 어디에 쓸모가 있다고 하나님의 거룩한 가루 서 말을 부풀리도록 하는 데 사용하십니까? 꿈과 비전을 가지고 그 속에 넣어 주신다는 말입니까?" 그래서 주님 앞에 우리가 백골난망 충성하는 것입니다. 목이 메이도록 주님께 외치면서 충성하는 것입니다. 목숨 걸고 주님을 섬기고, 교회를 섬기고, 하나님 나라를 위해 헌신하는 것입니다.

하나님은 우리에게 기대를 가지고 계십니다. 저에게 기대를 가지고, 장로님들에게 기대를 가지며, 우리 성도들에게 기대를 가지고 계십니다. 그래서 우리 모두를 지금의 밭에 심어 놓으셨습니다. 작은 누룩으로 우리를 심어두신 것입니다. 그래서 겨자나무로 울창하게 하고, 그 가루 서 말을 부풀리도록 하기 위해서 하나님이 우리를 부르신 것입니다.

이것은 세상적인 안목으로 볼 때 하나님이 완전히 바보 같은 일을 하시는 것입니다. 완전히 바보 하나님입니다. 비정상적인 행동을 하시는 바보 하나님입니다. 우리보다 더 잘나고 똑똑한 사람을 불러야지 왜 우리 같은 사람을 부르신단 말입니까? 그러나 그것은 우리를 향한 바보 하나님의 사랑이고 기대이고 희망입니다. 우리는 적어도 바보 하나님의 사랑과 기대와 희망을 한 몸에 안고 사랑해야 합니다.

우리 하나님을 실망시키지 맙시다. 하나님의 기대를 저버리지 맙시다. 바보 하나님의 사랑과 희망의 가슴에 상처를 주지 맙시다. 바보 하나님의 마음을 아프게 하지 맙시다. 하나님의 마음을 만족시켜 드립시다. 바보 하나님의 마음을 행복하게 하고 흡족하게 합시다.

하나님께서 우리를 이곳에 보내신 이유가 있습니다. 우리에 대한 기대와 희망이 있기 때문입니다. 그러므로 이제 하나님의 나라를 위해 일어납시다. 복음을 위해서 일어나고 우리의 가정과 직장과 사업장을 위해 일어납시다. 그리고 멋지게 쓰임 받읍시다.

♪ 주님 나를 부르셨으니 주님 나를 부르셨으니
　 내 모든 정성 내 모든 정성 주만 위해 바칩니다

주님 주님 나의 기도 들으사
영원토록 주님만을 사모하게 하옵소서

주님 나를 사랑했으니 주님 나를 사랑했으니
이 몸 바쳐서 이 몸 바쳐서 주만 따라 가렵니다
주님 주님 나의 기도 들으사
언제까지 주님만을 사모하게 하옵소서

주님 나를 구원했으니 주님 나를 구원했으니
소리 높여서 소리 높여서 주만 찬양하렵니다
주님 주님 나의 기도 들으사
할렐루야 주님만을 사모하게 하옵소서

하나님의 기대 ❽

살려주는 영이 되라

고린도전서 15장 45-47절

아담은 "네페쉬 하야"(נפשׁ חיה), 곧 산 영으로만 존재하였지만, 마지막 아담, 즉 예수 그리스도는 살려주는 영이 되었습니다. 여기서 살려주는 영이라는 말은 '프뉴마 조오포이운'($\pi\nu\epsilon\hat{v}\mu\alpha\ \zeta\omega o\pi o\iota o\hat{v}\nu$)이라는 말입니다. 이것은 부활하신 예수 그리스도를 지칭하는 표현입니다. 무슨 말이냐면, 부활하신 예수님은 그저 생령, 산 영이 아니라 혹은 자신의 부활을 통해 수많은 사람을 살려주는 영으로 존재한다는 것입니다. 수많은 사람을 부활시키고 살려주고 다시 또 새로운 사람으로 재창조하는 영이 되었다는 말입니다. 그래서 예수님은 당신의 부활을 통하여 예수 그리스도를 믿는 자들에게 지금도 계속해서 새 생명을 주십니다. 그리고 앞으로 예수님이 다시 오시는 그날 예수 믿고 무덤에 잠자고 있는 육체들을 다 부활시킬 것입니다. 그 부활시키는 역사가 예수 그리스도의 창조 중보직을 완성하는 것이라고 말할 수 있습니다.

하나님은 우리에게 기대를 가지고 계십니다. 무엇을 기대하십니까? 그것은 우리 모두가 살려주는 영이 되는 것입니다. 우리 성도에게는 크게 두 영이 있습니다. 하나는 죽이는 영이고 또 하나는 살려주는 영입니다. 그러므로 우리 모두 그리스도 안에서 살려주는 영으로 존재하기를 바랍니다. 우리의 존재가 살려주는 영의 역할을 할 수 있기를 바랍니다.

하나님께서는 사람을 만드실 때 먼저 흙으로 빚으셨습니다. 이때 사람의 육체는 사실상 짐승의 육체와 별로 다를 바가 없었습니다. 그러나 하나님께서는 사람을 그렇게만 만들지 않으시고 당신의 생기를 그 코에 불어 넣으셨습니다. 그래서 사람이 생령이 되었습니다.

> 여호와 하나님이 땅의 흙으로 사람을 지으시고 생기를 그 코에 불어넣으시니 사람이 생령이 되니라 (창 2:7)

하나님께서 사람을 흙으로 지으시고 그 코에 생기를 불어 넣어주시지 않았습니까? 그럴 때 사람이 생령이 되었다고 했습니다. 여기서 '생기'라는 말은 히브리어로 '루아흐'(רוח)입니다. 이 '루아흐'(רוח)는 '바람이나 호흡, 영'이라는 뜻입니다. 그런데 하나님께서 루아흐(רוח), 즉 생기를 불어 넣어주시자 사람이 생령이 되었다는 말입니다. 이 생령이라는 말은 "네페쉬 하야"(נפש חיה)라는 말입니다. 이 말은 하나님의 형상을 닮은 진정한 생명체라는 말입니다. 혹은 진정으로 존재하는 생명이나 목숨을 의미합니다.

> 하나님이 이르시되 우리의 형상을 따라 우리의 모양대로 우리가 사람을 만들고 그들로 바다의 물고기와 하늘의 새와 가축과 온 땅과 땅에 기는 모든 것을 다스리게 하자 하시고 하나님이 자기 형상 곧 하나님의 형상대로 사람을 창조하시되 남자와 여자를 창조하시고 (창 1:26-27)

이처럼 하나님은 인간을 창조하실 때 만물의 영장으로 지었을 뿐만 아니라 하나님의 형상대로 창조하셨다고 했습니다. 바로 사람을 하나님의 형상대로 창조하시기 위하여 하나님께서는 당신의 호흡을 사람의 코에 불어 넣어 주셨습니다. 그래서 인간은 '네페쉬 하야'(נפשׁ חיה)가 된 것입니다. 하나님께서 인간을 '네페쉬 하야'로 지은 목적은 오직 하나님만 섬기고 하나님과 교제하며 하나님만 찬양하기 위한 것이었습니다.

> 이 백성은 내가 나를 위하여 지었나니 나를 찬송하게 하려 함이니라 (사 43:21)

> 이스라엘아 들으라 우리 하나님 여호와는 오직 유일한 여호와이시니 너는 마음을 다하고 뜻을 다하고 힘을 다하여 네 하나님 여호와를 사랑하라 (신 6:4-5)

사람을 지으신 진정한 목적이 하나님을 섬기고 찬양하는 데 있다고 하였습니다. 그러니까 진짜 살아 있는 생명체, 곧 '네페쉬 하야'(נפשׁ חיה)는 언제나 하나님만 추구하게 되어 있습니다. 정말 살아 있는 영혼은 언제나 하나님과 교제하고 하나님만 섬기게 되어 있습니다. 그런데 이 '네페쉬 하야'를 고린도전서 15장 15절에서는 생령, 곧 산 영이라고 표현하고 있습니다.

> 기록된 바 첫 사람 아담은 생령이 되었다 함과 같이 마지막 아담은 살려 주는 영이 되었나니 (고전 15:45)

여기서 산 영이라는 말은 헬라어로 '프쉬케 조산'(ψυχή ζῶσαν)이라는 말입니다. 이것은 히브리어의 '네페쉬 하야'(נפשׁ חיה)와 같은 말입니다. 첫 사람 아담은 산 영, 곧 진정으로 살아 있는 생명체, 진정으로 실존하고 존재하는 생명이라는 말입니다. 이런 산 영, 곧 생령은 언제나 하나님을 사랑하고 섬기게 되어 있습니다.

따라서 오늘날도 그리스도 안에서 거듭나 '네페쉬 하야'(נפשׁ חיה)로 회복되고 '프쉬케 조산'(ψυχή ζῶσαν)으로 회복된 사람은 언제나 하나님을 사랑하고 섬기게 되어 있습니다. 쉽게 말하면 언제나 은혜가 충만하고 성령이 충만하고 하나님과의 관계가 바로 되어 있는 사람은 하나님을 사랑하는 것을 최고의 재산으로 생각합니다. 하나님께 은혜 받고 교제하고 찬양하는 것이 최고의 기쁨이요 자랑이라고 생각합니다.

TV를 보는 것보다, 신문을 보는 것보다, 골프를 치는 것보다 최고로 즐겁고 기쁘고 감사하고 영광스러운 것이 말씀 듣고, 은혜받고, 또 하나님을 섬기며 교제하고 찬양하는 것이라고 생각합니다. 바로 이런 사람이 산 영, 생령을 소유한 사람입니다. 그러므로 우리는 모두 '네페쉬 하야'(חיה נפשׁ), '프쉬케 조산'($\psi υ χ ή$ $\zeta ω σ α ν$)들이 되어야 합니다.

그러나 안타깝게도 이렇게 산 영으로 존재했던 아담과 하와는 범죄를 저지르고 말았습니다. 하나님의 계명을 어기고 말씀에 순종하지 않음으로 인해 그들은 산 영이 아니라 죽은 영이 되어 버리고 말았습니다.

> 여자가 그 나무를 본즉 먹음직도 하고 보암직도 하고 지혜롭게 할 만큼 탐스럽기도 한 나무인지라 여자가 그 열매를 따먹고 자기와 함께 있는 남편에게도 주매 그도 먹은지라 (창 3:6)

> 네가 흙으로 돌아갈 때까지 얼굴에 땀을 흘려야 먹을 것을 먹으리니 네가 그것에서 취함을 입었음이라 너는 흙이니 흙으로 돌아갈 것이니라 하시니라 (창 3:19)

아담과 하와가 하나님의 명령에 불순종해서 이렇게 그들의 영이 죽고 생령이 죽게 되었습니다. 이것이 인간의 타락입니다. 인간의 타락은 완전한, 전적인 타락입니다. 그 영혼도 죽고 앞으로 그 육체의 생명도 얼마 있으면 죽게 됩니다. 지금은 안 죽지만, 곧 죽습니다. 지금은 살아 있는 것처럼 보이지만 집행유예로 살아가는 존재입니다. 마치 나뭇가지를 꺾으면 잠시 살아 있는 것처럼 보이지만 조금 있으면 금방 시들어 죽는 것처럼 범죄한 아담과 하와가 그랬습니다. 타락의 결과입니다.

그런데 폴 틸리히 같은 사람은 타락을 그렇게 이해하지 않습니다. 자리 이동으로 생각합니다. 거룩한 자리에서 이동할 뿐이지 불순종하여 선악과를 따 먹고 타락해서 죽은 생명으로 이해하지 않습니다. 아담이 거룩한 자리에서 이탈하였기에 이제 인간은 하나님의 거룩한 자리에 도달하지 못합니다. 이것을 위해 새 존재가 필요한데 바로 메시아라는 것입니다.

새 존재이신 예수가 와서 거룩하지 못한 사람을 거룩의 단계로 올려 거룩의 자리, 구원의 자리로 옮겨가게 한다는 것입니다. 그에게는 십자가의 죽음도 없습니다. 부활도, 보혈도 없습니다. 폴 틸리히에게는 십자가에서 죽으신 예수는 없습니다. 그냥 베드로가 고백해 주었기 때문에 그리스도가 된 것입니다. 그래서 그리스도가 새 존재가 되어 인간을 앙양시킨다는 것입니다. 인간을 거룩한 자리로, 거룩의 단계로 앙양시켜 준다는 것입니다. 이것은 십자가 없는 복음, 십자가가 없는 거룩을 이야기한 것입니다. 그렇다면 불교나 유교와 다를 바가 없습니다.

그러나 그것이 아닙니다. 아담과 하와가 타락해서 완전히 그 영도 죽고 그 혼도 죽고 육체의 생명도 죽게 되었습니다. 그때부터 아담과 하와는 전적으로 타락하여 죽은 영이 되었고 죽은 존재가 된 것입니다. 그리고 아담 때문에 불행하게도 모든 인류는 죽은 영을 갖고 태어났고, 옛 사람으로 태어나게 된 것입니다. 왜냐하면 아담과 하와가 모든 인류의 머리요 대표자의 자격으로 언약을 맺었고, 그 언약을 범하였기 때문에, 아담 한 사람으로 인하여 죄가 들어왔고 온 인류가 죄인이 된 것입니다.

> 그러므로 한 사람으로 말미암아 죄가 세상에 들어오고 죄로 말미암아 사망이 들어왔나니 이와 같이 모든 사람이 죄를 지었으므로 사망이 모든 사람에게 이르렀느니라 (롬 5:12)

첫 사람 아담은 모든 인류에게 죽은 영을 전달해 주었고, 죽은 영을 갖고 태어나게 했으며, 옛 사람의 생명을 갖고 태어나게 했습니다. 그래서 우리가 겉으로는 살아 있는 것처럼 보이지만 실제로는 우리 안에 사망이 왕 노릇을 하고 있습니다. 지금 아무리 젊고 건강해도 우리에게는 죽음의 그림자가 드리워져 있습니다.

> 그러나 아담으로부터 모세까지 아담의 범죄와 같은 죄를 짓지 아니한 자들까지도 사망이 왕 노릇 하였나니…… (롬 5:14)

그러나 하나님의 사역은 여기서 끝나는 것이 아닙니다. 아담이 죄를 범하여 온 세상을 더럽히고 오염시켰기 때문에 하나님이 다시 이 세상을 새롭게 창조해야 합니다. 그리고 온 인류가 아담의 죄로 더럽혀졌기 때문에 인간도 새로 창조되어야 합니다. 무슨 뜻입니까? 한 마디로 말하면 하나님의 재창조입니다.

그리스도의 재창조 사역

그리스도의 십자가와 중보사역을 통하여 하나님이 세상을 재창조하고 사람을 다시 창조하는 것입니다. 이것이 하나님의 재창조입니다. 예수 그리스도 안에서 만물을 다시 통일하고 만물을 다시 새롭게 빚는 사역을 하셨습니다. 그것이 하나님의 재창조입니다.

> 하늘에 있는 것이나 땅에 있는 것이 다 그리스도 안에서 통일되게 하려 하심이라 (엡 1:10)

> 그런즉 누구든지 그리스도 안에 있으면 새로운 피조물이라 이전 것은 지나갔으니 보라 새 것이 되었도다 (고후 5:17)

우리 하나님은 모든 만물을 그리스도 안에서 새로 창조하셨습니다. 이것을 그리스도의 재창조라고 말합니다. 우리 예수 믿는 사람들은 하나님의 창조세계에서 살아갑니다. 우리는 새로 지음 받고, 새로 태어난 사람들입니다. 왜냐면 우리 하나님이 그리스도 안에서 재창조하셨기 때문입니다.

저의 은사 가운데 제 학문에 최고의 영향과 제 신학의 기본 토대, 기본 뼈대를 형성케 해주신 분이 계시는데, 그분이 서철원 박사님입니다. 저에게 수많은 은사들이 있고 교수님들이 계시지만 이분은 저의 신학의 기본을 가장 튼튼하게 구축해 주신 분입니다. 이분은 서울대 철학과를 나와, 서울대 대학원에서 종교철학을 전공하셨습니다. 그리고 총신대 신대원에서 3년을 공부하시고 미국에 가서 웨스트민스터 신학교에서 4년을 공부하셨습니다. 거기서 조직신학과 변증학을 공부하고 그리고 네덜란드 자유대학교에서 6년 동안 박사과정을 공부하셨습니다.

이분은 정통으로 신학공부를 하신 분입니다. 제가 지금까지 강의를 들어본 가운데 이분처럼 학문이 깊고 심오한 사람이 없었습니다. 이분의 박사학위 논문 제목이 "예수 그리스도의 창조 중보직"이라는 것입니다. 제가 광신대학교를 다닐 때 이분이 한국에 귀국하셔서 그때부터 배웠습니다. 그리고 대학부 때 그분의 논문을 읽었습니다. 대학부 시절이어서 영문으로 된 그분의 논문을 100퍼센트 다 이해했다고 할 수는 없지만, 하여튼 읽었던 기억이 있습니다. 그분의 논문을 간단하게 설명한다면 양양선 신학자들과 회복선 신학자들의 이론을 열거하는 것입니다.

양양선 신학자들은 아담의 전적인 타락과 예수 그리스도의 십자가의 구속 사건을 통한 구원을 이야기하지 않습니다. 폴 틸리히나 본회퍼나 칼 바르트나 몰트만이 다 똑같습니다. 그리스도가 새 존재로 와서, 다시 말해 새로운 길을 여는 사람으로 와서 앙양의 길을 열고, 인간을 거룩하게 앙양시킨다는 것입니다. 소위 말하면 뉴에이지 운동과 같은 맥락에 서 있다고 봐야 합니다.

회복선 신학자들은 아담의 전적인 타락을 이야기합니다. 이 전적인 타락은 곧 죽음입니다. 아담의 죄로 말미암아 온 세상이 오염되었고, 온 인간이 다 죽음의 존재가 되었습니다. 그런데 예수님이 십자가에서 죽습니다. 그 사건으로 이 땅이 회복되고, 하나님 나라가 회복되고, 인간이 예수님의 피로 속죄받고 구속함 받아서 회복된다는 것입니다. 더 나아가 중단된 하나님의 나라가 회복된다는 것입니다. 이런 신학 위에 서 있는 사람들이 회복선 신학자입니다.

서 박사님의 결론은 예수 그리스도의 구속사역과 중보사역이 곧 재창조 사역이라고 결론을 내립니다. 하나님은 예수 그리스도의 중보사역으로 말미암아 이 세상을 다시 창조하시고 다시 회복시키셨다는 것입니다. 그래서 "예수 그리스도는 중보자요, 재창조자다"라는 뜻에서 그 논문 제목을 "예수 그리스도의 창조 중보직"이라고 한 것입니다. 바로 이것이 우리 정통 보수신학이고 개혁신학의 정수이며 극치입니다. 이것은 하나의 사변이 아니라 성경에 근거한 것입니다. 이것이 바울신학의 기초요 근간이 아니겠습니까? 성경을 한번 살펴보겠습니다.

📖　하늘에 있는 것이나 땅에 있는 것이 다 그리스도 안에서 통일되게 하려 하심이라 모든 일을 그의 뜻의 결정대로 일하시는 이의 계획을 따라 우리가 예정을 입어 그 안에서 기업이 되었으니 이는 우리가 그리스도 안에서 전부터 바라던 그의 영광의 찬송이 되게 하려 하심이라 (엡 1:10-12)

📖　그런즉 누구든지 그리스도 안에 있으면 새로운 피조물이라 이전 것은 지나갔으니 보라 새것이 되었도다 (고후 5:17)

로마서는 이런 예수님을 제2의 아담으로 표현하고 있습니다. 제2의 아담으로 오신 예수 그리스도가 창조 중보직의 사역을 완수함으로써 우리가 새 생명을 얻게 된 산 영이요, 새 사람이 되었다고 말씀하고 있습니다. 다시 말하면 적어도 우리가 에덴동산에서 살았던 아담의 산 영을 갖게 되었고, '네페쉬 하야'(נפש חיה)가 되었다는 것입니다.

📖　그런즉 한 범죄로 많은 사람이 정죄에 이른 것같이 한 의로운 행위로 말미암아 많은 사람이 의롭다 하심을 받아 생명에 이르렀느니라 한 사람이 순종하지 아니함으로 많은 사람이 죄인 된 것같이 한 사람이 순종하심으로 많은 사람이 의인이 되리라 (롬 5:18-19)

📖　우리는 그리스도 안에서 그의 은혜의 풍성함을 따라 그의 피로 말미암아 속량 곧 죄 사함을 받았느니라 (엡 1:7)

얼마나 감사합니까? 이런 것을 생각하면, 이런 하나님의 은혜를 생각하면 얼마나 감격스럽습니까? 마땅히 우리는 하나님을 찬양하고 하나님을 노래해야 되는 것이 아닙니까? 언제나 감사하며 감격하며 하나님을 찬양하며 살아야 하는 것이 아니겠습니까?

예수, 살려주는 영

그러나 하나님의 은혜는 여기서 끝난 것이 아닙니다. 하나님은 우리에게 산 영, 새 생명만 허락하신 것이 아닙니다. 우리에게 살려주는 영을 주셨습니다. '네페쉬 하야'(נפשׁ חיה), 아담이 소유했던 산 영이나 '네페쉬 하야'의 생명만 가지고 있는 것이 아니라 하나님은 예수 그리스도를 통하여 살려주는 영을 허락해 주셨다는 것입니다.

> 기록된 바 첫 사람 아담은 생령이 되었다 함과 같이 마지막 아담은 살려주는 영이 되었나니 (고전 15:45)

이 말씀은 무슨 말씀입니까? 아담은 '네페쉬 하야'(נפשׁ חיה), 곧 산 영으로만 존재하였지만, 마지막 아담, 즉 예수 그리스도는 살려주는 영이 되었다는 것입니다. 여기서 살려주는 영은 '프뉴마 조오포이운'($\pi\nu\varepsilon\hat{u}\mu\alpha$ $\zeta\omega\pi o\iota o\hat{u}\nu$)이라는 말입니다. 이것은 부활하신 예수 그리스도를 지칭하는 표현입니다. 무슨 말이냐 하면, 부활하신 예수님은 그저 생령, 산 영이 아니라 혹은 자신의 부활을 통해 수많은 사람을 살려주는 영으로 존재한다는 것입니다. 수많은 사람을 부활시키고 살려주고 다시 또 새로운 사람으로 재창조하는 영이 되었다는 말입니다.

예수님은 당신의 부활을 통하여 예수 그리스도를 믿는 자들에게 지금도 계속해서 새 생명을 주십니다. 그리고 앞으로 예수님이 다시 오시는 그날 예수 믿고 무덤에서 잠자고 있는 육체들을 다 부활시킬 것입니다. 그 부활시키는 역사가 예수 그리스도의 창조 중보직을 완성하는 것이라고 말할 수 있습니다.

그런데 예수님은 자기 혼자만 살려주는 영으로 존재하는 것이 아닙니다. 예수님은 당신의 영, 곧 살려주는 영인 성령을 보내 주셨습니다. 그래서 당신만 사람을 살리는 것이 아니라 우리도 사람을 살리고 심령을 살리는 은혜와 특권을 주셨습니다. 왜냐하면 성령님은 그리스도의 영이고 그리스도의 영은 살려주는 영이기 때문입니다.

그리스도는 살려주는 영을 우리에게 보내 주셨습니다. 바로 성령이 우리 안에 계십니다. 그 성령을 모시고 사는 모든 성도들은 다 살려주는 영을 갖고 있는 것이고, 또 살려주는 역사를 일으킬 수 있는 사람입니다. 그 살려주는 영 때문에 우리가 전도도 하고 사람도 살리는 것입니다. 시험에 든 사람도 살리고, 침체된 영혼도 살리며, 절망하고 좌절한 영혼들을 일으켜 주는 것입니다. 성령님을 앞세우고 의지하면서 말입니다.

> 그가 또한 우리에게 인치시고 보증으로 우리 마음에 성령을 주셨느니라 (고후 1:22)

> 곧 이것을 우리에게 이루게 하시고 보증으로 성령을 우리에게 주신 이는 하나님이시니라 (고후 5:5)

> 그러므로 이러한 말로 서로 위로하라 (살전 4:18)

> 그러므로 피차 권면하고 서로 덕을 세우기를 너희가 하는 것같이 하라 (살전 5:11)

성령께서 우리 안에 살려주는 영, 곧 사람을 살려주는 역사를 행하는 것입니다. 위로가 필요한 자에게 위로를 통하여 살려주고, 말씀이 필요한 자에게 말씀을 전함으로 살려주고, 은혜가 필요한 자에게는 은혜를 공급해 주는 이것이 다 살려주는 역사입니다.

저 역시 설교를 통해서, 기도를 통해서, 심방을 통해서 살리는 역사를 행합니다. 또 우리도 모두 사람을 살리러 다닙니다. 전도 다닐 때도 사람을 살리러 다니는 것입니다. 그러니 얼마나 감사합니까? 우리는 이렇게 언제나 말씀을 통해서 또 기도와 찬양과 위로와 권면을 통해서 살려주는 역사를 행해야 합니다.

죽이는 영

반대로 죽이는 영도 있습니다. 왜냐하면 그 사람에게는 살려주는 영이 없기 때문입니다. 옛사람의 소욕과 육체의 정욕을 가지고 있는 사람은 여기저기 다니면서 이야기해 봤자 사람을 죽이는 일만 할 뿐입니다.

왜 그런지 아십니까? 그런 옛사람의 소욕과 정욕은 성령의 소욕을 대적하기 때문입니다. 성령의 소욕을 대적하고 살려주는 영의 활동과 역사를 대적한다는 말입니다. 그런 사람에게는 언제나 사망이 왕 노릇하고 죽이는 영이 왕 노릇합니다. 사망의 영과 죽이는 영이 사람을 만나면 그 사람의 영혼을 죽이고, 그 심령을 침체시키고, 그의 몸을 무겁고 힘빠지게 만듭니다.

> 내가 이르노니 너희는 성령을 따라 행하라 그리하면 육체의 욕심을 이루지 아니하리라 육체의 소욕은 성령을 거스르고 성령은 육체를 거스르나니 이 둘이 서로 대적함으로 너희가 원하는 것을 하지 못하게 하려 함이니라 (갈 5:16-17)

육체의 소욕은 항상 성령의 소욕을 거스르고 대적합니다. 육체의 소욕과 옛사람의 영이 그 사람 속에 역사하고 발동하면 그 사람은 반드시 사망, 죽이는 영이 왕 노릇하는 것입니다. 그러니까 항상 사람 찾아다니면서 죽이는 것입니다.

📖 　믿음과 착한 양심을 가지라 어떤 이들은 이 양심을 버렸고 그 믿음에 관하여는 파선하였느니라 그 가운데 후메내오와 알렉산더가 있으니 내가 사탄에게 내준 것은 그들로 훈계를 받아 신성을 모독하지 못하게 하려 함이라 (딤전 1:19-20)

📖 　망령되고 헛된 말을 버리라 그들은 경건하지 아니함에 점점 나아가나니 그들의 말은 악성 종양이 퍼져나감과 같은데 그 중에 후메내오와 빌레도가 있느니라 (딤후 2:16-17)

📖 　구리 세공업자 알렉산더가 내게 해를 많이 입혔으매 주께서 그 행한 대로 그에게 갚으시리니 너도 그를 주의하라 그가 우리 말을 심히 대적하였느니라 (딤후 4:14-15)

📖 　그러나 네게 두어 가지 책망할 것이 있나니 거기 네게 발람의 교훈을 지키는 자들이 있도다 발람이 발락을 가르쳐 이스라엘 자손 앞에 걸림돌을 놓아 우상의 제물을 먹게 하였고 또 행음하게 하였느니라 이와 같이 네게도 니골라 당의 교훈을 지키는 자들이 있도다 (계 2:14-15)

📖 　그러나 네게 책망할 일이 있노라 자칭 선지자라 하는 여자 이세벨을 네가 용납함이니 그가 내 종들을 가르쳐 꾀어 행음하게 하고 우상의 제물을 먹게 하는도다 또 내가 그에게 회개할 기회를 주었으되 자기의 음행을 회개하고자 하지 아니하는도다 (계 2:20-21)

여기 나오는 후메내오와 빌레도가 되었든, 구리 세공업자 알레산더, 또 니골라당과 이세벨이 되었든 이들은 다 교회 안에 있었던 사람들입니다. 그리고 교회 안에서 믿음이 좋은 것처럼 하고 자기가 무슨 선지자나 말씀을 가르치는 교사나 중직자로 자처합니다. 그리고는 막 사람들을 죽입니다. 순진한 양들을 다 죽입니다. 마치 악성 종양이 퍼져 나가는 것처럼 교회를 병들게 하고 성도들을 병들게 하는 것입니다. 이들은 죽이는 영을 가지고 있었기 때문입니다.

이 얼마나 저주 받을 일이고, 얼마나 하나님을 진노하게 하는 불쌍한 사람들입니까? 오죽하면 사도 바울이 그들을 사탄에게 내어 주었다고 하겠습니까? 얼마나 속썩이고 성도들을 병들게 하는 사람인지 사도 바울이 저주를 해버렸습니다.

우리는 여기서 인간의 영적 상태를 다음과 같이 네 가지 상태로 정의할 수 있습니다.

① 산 영 : '네페쉬 하야'(נפש חיה)의 진정으로 살아 있는 존재
② 죽은 영 : 아담과 하와가 타락한 상태의 영, 옛사람의 영
③ 살려주는 영 : 부활하신 예수 그리스도와 그분의 성령을 충만히 받은 사람
④ 죽이는 영 : 아담을 범죄하게 했던 사탄 혹은 사탄이 왕 노릇하고 있는 옛사람

우리 예수 믿는 사람은 다 살려주는 영으로 존재해야 합니다. 살려주는 영으로 살아야 합니다. 그런데 실제적으로 보면 예수를 믿어도 죽이는 영을 갖고 있는 사람들이 있습니다. 교회를 십 년, 이십 년, 삼십 년을 다녀도 꼭 다니면서 사람을 죽이는 영을 가지고 있는 사람들이 있습니다. 하나님은 우리가 죽이는 영이 아니라 살리는 영으로 존재하기를 기대하십니다. 죽이는 영을 소유하지 말고 산 영을 소유하며 산 역사를 일으키기를 소망하신다는 말입니다.

이 살려주는 영과 죽이는 영에 대해서 살펴보겠습니다.

살려주는 영(사람)의 특징

언제나 생명의 역사를 일으킵니다.

이 사람은 살려주는 영을 갖고 있으니 어디를 가든지 생명의 역사를 일으킵니다. 가는 곳마다 은혜의 역사, 생명의 역사를 일으키고 회복의 역사를 일으킵니다. 이 사람이 구역장이 되면 구역이 살아나고, 여선교회에 가면 여선교회가 살아나고, 남선교회에 가면 남선교회가 살아나고, 교구에 가면 교구가 살아나고, 새 가족부에 가면 새가족부가 살아납니다. 언제나 이 사람을 통하여 은혜가 흘러가고 생명이 흘러가고 회복의 역사가 일어납니다. 우리 모두 이런 생명의 역사를 일으키기를 바랍니다.

어디를 가도 하나 되는 역사를 일으킵니다.

이런 사람은 어디를 가도 절대 분열이나 분리를 조장하지 않습니다. 무슨 일이 있어도 이간질이나 나눔을 유발하지 않습니다. 온전히 하나 되게 만듭니다. 언제 어디를 가나 화목을 이루고 일치를 이루고 사랑하며 섬기는 공동체를 이룹니다. 구역에 가도 하나를 만들고, 교구에 가도 하나를 만들고, 성가대에 가도 하나를 만드는 사람입니다. 우리 모두 이런 사람들이 되어야 합니다. 이런 역사를 일으켜야 합니다.

하나님 중심, 교회 중심, 담임 목사 중심으로 신앙생활을 합니다.

언제나 이 사람은 자기를 높이지 않습니다. 말씀을 높이고, 하나님을 높이고, 교회를 높이고, 목사님을 앞세웁니다. 항상 자기는 조연 노릇을 합니다. 하나님을 주연 시키고, 교회와 목사님을 주연 시키고, 항상 자기는 조연 노릇을 합니다. 그러니까 살리는 역사가 일어나는 것입니다.

순종하며 희생하는 모범을 보여 줍니다.

언제나 이런 성도는 양처럼 순종하고 희생하는 신앙생활을 합니다. 염소처럼 들이받는 일이 없습니다. 여우처럼 꽃이 피는 포도원을 허무는 일도 없습니다. 그저 순종하고 희생하고 헌신할 뿐입니다. 그러니까 생명의 역사가 나타나는 것입니다.

죽이는 영(사람)의 특징

언제나 사망의 역사를 일으킵니다.

이 사람은 열심이 있는 반면에 결과적으로 사람을 죽이고 다닙니다. 열심히 일하려고 하고 또 얼마나 나서는지 모릅니다. 얼마나 부지런한지, 얼마나 열심히 하는지 모릅니다. 그리고 믿음도 좋아 보입니다. 교제도 잘하고, 사람도 좋아 보입니다. 그런데 이상하게 그 사람을 가까이하면 심령이 죽습니다. 전화도 자주 하고 사람을 잘 챙겨주기도 합니다. 교회도 오래 다녔습니다. 그래서 중직자가 될 수도 있습니다. 또 여자로 말하면 김치도 잘 담가 줍니다. 그런데 그 사람과 가까이 하다 보면 이상하게 기쁨과 감사가 사라집니다. 이상하게 목사님과 멀어지고 교회와 멀어지게 됩니다.

왜 그렇습니까? 그 사람에게 죽이는 영이 있기 때문입니다. 독사처럼 말은 잘하는데 혓바닥 밑에 독이 있습니다. 바리새인처럼 그렇게 경건하고 거룩하고 열심은 있어 보이는데 사람을 죽여 버립니다. 얼마나 무섭습니까? 얼마나 끔찍합니까? 이런 사람이 이

세벨이고 니골라당이고 후메내오이고 알렉산더이고 또 빌레도입니다. 절대로 이런 사람이 되어서는 안 됩니다.

어디서나 자기가 중심이 되려고 합니다.

하나님을 높이는 것이 아니라 항상 자기를 높입니다. 하나님의 은혜를 앞세우는 것이 아니라 자신의 의를 앞세웁니다. 어떤 봉사의 위치나 기관을 통해서 자기 세력을 구축하려고 합니다. 목사의 사람, 또는 하나님의 사람으로 만들어 주는 것이 아니라, 다 자기 사람으로 만들고 자기 세력화를 시키려고 합니다. 한국교회에 이런 사람이 많기 때문에 문제가 되는 것입니다.

이런 사람이 어떤 사람입니까? 다윗의 아들 압살롬 같고 사울과 같은 사람입니다. 압살롬을 보십시오. 다윗의 사람들로부터 마음을 빼앗아 자기 편, 자기 사람으로 만들었습니다. 그리고 반역했습니다. 사울을 보십시오. 하나님이 아말렉을 다 죽이라고 하면 다 죽여야 하지 않습니까. 짐승까지 다 쳐 죽이라고 했는데 사울은 두 가지를 순종하지 않았습니다. 아말렉 왕 아각을 살려 두었습니다. 그리고 살찐 소와 양을 안 죽이고 살려두었습니다.

아말렉 사람의 왕 아각을 사로잡고 칼날로 그의 모든 백성을 진멸하였으되 사울과 백성이 아각과 그의 양과 소의 가장 좋은 것 또는 기름진 것과 어린 양과 모든 좋은 것을 남기고 진멸하기를 즐겨

아니하고 가치 없고 하찮은 것은 진멸하니라 (삼상 15:8-9)

아각 왕을 죽여야 하는데 안 죽이고, 살찐 소와 양을 안 죽였습니다. 왜 그랬을까요? 사울은 아각 왕을 살려주어서 완전히 자기 사람으로 만들려고 했습니다. 언제든지 이스라엘 백성들 앞에 데리고 다니면서 은근하게 아각 왕이 자신을 높여 주기를 바랐던 것 같습니다. 이처럼 자기가 위대하다고 간증하고 사람들 앞에서 높여주기를 바랐던 것입니다. 그러면 소와 양은 왜 안 죽였을까요? 욕심 때문에 안 죽인 것입니다.

사울 자기가 높아지면 얼마나 높아진다고 하나님의 말씀에 순종하지 않는 것입니까. 사울이 완전히 헤드십을 마귀에게 빼앗기고 수많은 이스라엘 백성들의 심령을 죽였던 것이 아닙니까? 그러다가 그는 하나님 앞에 저주받고 버림받고 말았습니다.

주님만 높여 보십시오. 우리가 높아지면 얼마나 높아집니까? 주님을 높여야 합니다. 왜 자기를 높입니까? 왜 그렇게도 사람들의 인정을 받으려고 합니까? 주님의 은혜와 주님의 이름을 높이는 데 최선을 다해야 합니다. 그러면 우리 주님이 내 자리를 알아서 보장해 주시고, 나를 위대하고 존귀하게 높여주십니다. 그리고 나를 통해서 생명의 역사가 나타나는 것입니다. 생명이 살아나는 역사가 나타납니다.

그런데 이 못난이들이 자기 중심으로 살고 자기만 높이며 살려다 보니까 어디를 가도 편가르기를 합니다. 이 사람은 가는 데마다 하나가 안 됩니다. 꼭 사람을 갈라놓습니다. 그리고 서로 미워하고 다투고 싸우게 만듭니다. 그런 분열과 편가르기를 통해 사망의 역사가 나타납니다. 그래서 사람이 죽습니다. 심령이 죽는다 이 말입니다.

틈만 있으면 여우 같은 기질이 나타납니다.

여우는 여러 가지 기질이 있는데 몇 가지만을 살펴보려고 합니다.

(1) 여우는 간사하고 간교합니다.

여우는 간사하고 간교하고 교활합니다. 그래서 우리나라 전래 동화나 이솝우화를 보면 여우는 속임수나 쓰고 교활하고 잔꾀만 부리는 짐승으로 묘사되고 있습니다. 옛날 "전설 따라 삼천리"라는 라디오 드라마가 있었는데 거기에도 '구미호'라는 여우가 간교하게 나오지 않습니까? 그리고 "구미호"라는 영화도 상영된 적이 있습니다. 구미호는 꼬리가 아홉 개나 달린 백년 묵은 여시입니다.

전설에 이런 이야기가 있습니다. 어느 으슥한 밤에 나그네가 과거를 보러 혼자 산 고개를 넘어갑니다. 그때 한 여인이 하얀 소복을 입고 울고 있습니다. 완전히 백야미인입니다. 보기만 해도 가슴이 설레입니다. 여인이 하얀 소복을 입고 슬프게 울고 있는 것입니다. "흐흐흐~" 얼마나 구슬프게 우는지 완전히 그 울음소리가 애간장을 녹입니다.

그런 여자에게 누가 가장 잘 넘어가는 줄 아십니까? 인정 많은 남자가 잘 넘어갑니다. 그런 여자를 보면 "아이, 미친 여자 아니여! 구미호 아니여! 아이고 저 백년 묵은 여시 아니여!" 하고 지나가야 하는데 정이 많은 남자는 속없이 이렇게 물어봅니다. "아낙께서는 무슨 사연이 있으신지요? 어떤 억울한 일을 당하셨기에 이토록 야심한 밤에 홀로 울고 계십니까? 밤공기가 찹니다. 어서 울음을 멈추고 집으로 돌아가시지요."

그러면 여인은 그 속없는 남자에게 이렇게 말합니다. "참 선비님은 마음도 어지신 분이군요. 흐흑~. 제가 너무 억울한 일을 당해서요……. 시간이 허락된다면 밤도 어두웠고 주막도 멀고 하니 누추하지만 저희 집 처소에서 잠깐 쉬었다 가시면 어떻겠는지요. 그리고 부탁이 있는데 제 억울한 사연을 들어주시고 관아에 탄원서나 한 장 써 주실 수 있는지요?"

그러면 그때라도 정신을 차리고 그냥 가야 하는데 이 멍청이가 거기에 넘어갑니다. 그 집으로 따라 들어갑니다. 그리고 호롱불 아래서 갈대같이 흔들리는 여인의 모습과 향기, 그 알 수 없는 묘한 눈빛이 얼마나 좋은지 저녁 내내 이야기를 듣습니다. 정신없이 이야기를 듣다 보니 어느새 깊은 연민의 감정이 생기고 정에 빠져 버립니다. 이 여자가 얼마나 간교한지 눈물도 옷고름으로 짝짝 짜면서 이야기를 하는 것입니다. 얼굴도 얼마나 예쁜지 모릅니다.

이야기를 한참 듣다 보니까 그 여인이 너무나 가엾고 불쌍하다는 생각이 듭니다. 그렇게 감정을 주체하지 못하고 아차 하는 순간에 그날 밤 정을 통하게 되는 것입니다. 어찌나 여자가 간교한지 완전히 정신을 놓아버리게 만듭니다.

입을 맞추는데 솜사탕을 서로 주고받는 것처럼 달콤합니다. 여러분은 사탕을 그렇게 서로 주고받으면서 먹어 봤습니까? 옛날에 엄마가 사탕을 먹다가 아들한테 주고, 아들이 먹다가 누나한테 주고, 그러지 않았습니까? 그런데 그 달콤한 사탕이 남녀간의 입에서 왔다갔다하니 얼마나 정신을 빼놓겠습니까? 구미호는 그렇게 간교하다는 것입니다.

그렇게 구미호의 간교함에 빠져 정을 나누고 잠에 곯아 떨어진 놈은 곧 심장이 파먹혀서 죽습니다. 구미호가 심장을 파먹어 버립니다. 그런데 그때라도 정신을 차린 남자는 가끔 사는 수가 있습니다. 눈을 뜨고 보니까 문 밖에서 무슨 소리가 들립니다.

가만히 귀를 기울여 보니 숫돌에 쓱쓱 칼 가는 소리가 들립니다. 이상하다 하고 문 틈으로 자세히 보니까 구미호에게 꼬리가 달렸습니다. 머리도 허리까지 길게 풀어헤쳤는데 남자가 한참을 뚫어지게 쳐다보니까 이 여자가 문 쪽을 쓰윽~ 돌아보는데 얼굴이 완전히 여시입니다. 그때 이빨을 내밀면서 씩 웃는 것입니다. 덜컹 간 떨어지는 순간이 아닐 수 없습니다. 그때 당장 뒷문으로 도망을 나오면 사는 것입니다. 그런데 멍청한 사람은 완전히 곯아떨어져, 코를 골고 자다가 심장을 파먹혀 버리는 것입니다.

무슨 말입니까? 여우가 이렇게 간교하다는 말입니다. 오늘도 여우 같은 인간은 인사도 잘하고 친절합니다. 그러나 교묘하게 간을 빼먹습니다. 그래서 심령을 죽이는 것입니다.

(2) 여우는 썩고 부패한 것을 좋아합니다.

여우는 사람을 죽여 놓고도 그냥 안 먹습니다. 며칠 둔다고 합니다. 사람을 썩게 해서 먹는다는 것입니다. 우리가 홍어를 썩혀 먹듯이 여우도 사람을 썩혀 먹습니다. 그래서 옛날에 시골에서 칡 캐먹고 입이 시커멓게 되면 엄마들이 "송장 파먹은 여시 주둥이 같다"고 했습니다.

여우 같은 마귀가 우리 속에 틈타고 들어오면 불평을 많이 합니다. 부정적인 소리를 많이 합니다. 그러니 주님과 우리의 사이가 깨질 수밖에 없습니다. 상대방을 칭찬하고 격려해 주어야지, 부정적인 소리를 많이 하면 좋아하는 사람이 누가 있겠습니까? 누구 흉보기를 좋아하고 불평, 원망하는 사람은 여시 마귀가 안방에 심방 와 있는 것입니다.

(3) 여우는 파괴적인 것을 좋아합니다.

여우는 맨날 굴을 팝니다. 그래서 포도원의 나무뿌리를 말라 죽게 합니다. 그렇듯이 여우 같은 마귀가 우리 속에 들어오면 매일 과격한 말, 파괴적인 말을 하게 합니다. 그래서 심령을 죽입니다. "당장 구청 가자, 법원 가서 끝내자, 당신 만난 것이 내 평생의 실수다, 그러니까 갈라서자!" 교회생활, 신앙생활도 마찬가지입니다. "나 교회 안 나올래, 나 십일조 안 할래, 나 예수 안 믿을래!"

아가서를 보면 여우는 포도원을 헌다고 했습니다. 여우는 주님과 우리가 사랑을 나누는 아름다운 포도원을 헐어버립니다. 이것이 다 죽이는 역사입니다. 그러므로 우리는 죽이는 영이 되어야 하겠습니까? 살리는 영이 되어야 하겠습니까? 하나님은 오늘도 우리 모두 살리는 영이 되기를 기대하십니다.

우리가 살리는 영이 되어 사람을 살리는 사람이 되었을 때 하나님이 복을 주십니다. 우리를 존귀하게 해주시고 우리를 업고 다니십니다. 우리가 너무 고맙고 기특해서 떠받들고 다니십니다. 우리를 높여 주시고, 존귀하게 하시고, 더 큰 복을 주실 줄 믿습니다.

"내가 너에게 무엇을 줄까? 어떤 기적을 베풀어 줄까? 어떤 복을 줄까? 어떤 형통과 승리를 줄까?" 나는 가만히 있어도 하나님이 나를 걱정해 주시고, 염려해 주시고, 하나님이 안절부절 못하고 우리에게 넘치도록 복을 쏟아부어 주십니다. 그러면 우리의 신앙생활이 얼마나 행복하고 감격스럽겠습니까?

우리 모두 살리는 영이 되어야 합니다. "주여, 우리를 살려주는 영이 되게 하옵소서. 우리에게 살려주는 영으로 충만하게 하옵소서. 그래서 언제나 살려주는 영으로 살아가게 하옵소서!"

♪ 빛의 사자들이여 어서 가서 어둠을 물리치고
　주의 진리 모르는 백성에게 복음의 빛 비춰라
　빛의 사자들이여 복음의 빛 비춰라
　죄로 어둔 밤 밝게 비춰라 빛의 사자들이여

　선한 역사 위하여 힘을 내라 주 함께 하시겠네
　주의 넓은 사랑을 전파하며 복음의 빛 비춰라
　빛의 사자들이여 복음의 빛 비춰라
　죄로 어둔 밤 밝게 비춰라 빛의 사자들이여

 하나님의 기대 ❾

복된 행진을 이루라

출애굽기 40장 36-38절

오늘 우리도 행진을 할 때에 언약궤를 앞세우고 나아가야 합니다. 이 말은 하나님의 이름과 임재의 영광을 앞세우고 가라는 말입니다. 다시 말하면 하나님의 언약을 믿고 언약궤를 앞세우고 가라는 말입니다. 하나님의 능력을 앞세우고 나가라는 말입니다. 오직 하나님의 은혜를 앞세우고 나가라는 의미입니다. 그럴 때 우리 개인이 승리하고 우리 교회 공동체도 승리할 수 있다는 것입니다. 또한 그럴 때 행진을 잘 할 수 있고 행진을 잘 마치고 승리할 수도 있다는 말입니다.

하나님께서 우리 모두에게 기대하시는 것이 하나 있습니다. 그것은 우리 모두가 거룩한 가족 공동체가 되고 축복 공동체가 되어서 거룩하고 복된 행진을 일사분란하게 하는 것입니다.

이스라엘 백성들은 성막을 건축한 후에 거의 40년 동안 광야 생활을 했습니다. 그런데 그들은 적어도 41회 이동하면서 행진을 했습니다. 40년 동안 41회 행진한 것은 일 년에 한 번 꼴로 이사를 다녔다는 것입니다. 그것도 2백만이 넘는 백성이 하나님의 성막을 이동시키면서 말입니다.

그러므로 이스라엘 공동체는 성막 공동체라고 할 수 있고, 이스라엘의 행진은 성막 공동체의 행진이라고 할 수 있습니다. 그만큼 그들에게는 성막이 중심이고, 성막을 중심으로 한 공동체라고 할 수 있습니다. 그러나 그들에게는 가야 할 목표가 있습니다. 그들의 목표는 오직 가나안입니다. 그런데 이 가나안으로 행진하는 성막 공동체에 두 가지 특징이 있었습니다.

■ 성막 공동체의 두 가지 특징

(1) 임재(Presence)

성막에는 언제나 하나님의 임재가 있었습니다. 하나님의 임재가 없으면 그것은 성막이 될 수가 없었습니다. 하나님의 임재가 성막의 본질입니다. 그런데 이 성막에 하나님의 임재가 항상 있었던 이유는 지성소와 언약궤 때문이었습니다. 지성소 안에 있는 언약궤 때문에 하나님이 성막에 임재하신 것입니다.

마찬가지로 오늘날 교회 공동체에도 하나님의 임재가 있어야 합니다. 하나님의 임재가 없으면 교회가 아닙니다. 그러나 이것을 너무 율법적으로, 외형적으로 강조하다 보면 교회의 제도화나 공간화나 잘못된 경건화, 전통화로 흐를 수 있습니다.

(2) 이동(Moving)

하나님의 성막 공동체는 임재의 의미도 가지지만 이동의 의미도 가집니다. 왜냐하면 공동체 자체가 행진을 해야 했기 때문입니다. 아무리 성막 공동체라도 행진을 해야 합니다. 어디로 말입니까? 가나안을 향해서입니다. 만약 행진하지 않고 움직이지 않으면 그 공동체는 목표를 상실해 버립니다. 잘못된 어떤 제도화나 공간화나 전통화로 흐를 수밖에 없습니다. 그래서 성막은 필수 불가결하게 이동의 의미를 지녀야 합니다.

오늘날 교회 공동체도 마찬가지입니다. 교회도 항상 행진을 해야 됩니다. 아무리 임재가 있고 거룩한 영광이 충만하다 할지라도 교회가 영적인 가나안을 향해 전진하지 않으면 목표를 상실한 것이나 마찬가지입니다. 그러므로 교회도 행진을 해야 합니다. 이동을 해야 합니다.

때로 변화할 때는 변화하고, 바꿀 때는 바꾸어야 된다는 말입니다. 시대에 맞게 변할 때는 변하고, 바꿀 때는 바꾸어야 됩니다. 물론 교회 본질(임재)을 지키면서 말입니다. 그러나 이것만 강조하다 보면 교회가 너무 변화하는 데 치중할 수가 있습니다. 예배도 강단도 변화하고 교회 모습이 너무 자주 바뀝니다. 요즘 열린 예배다, 이머징 처치(Emerging Church)다 해서 공연과 이벤트 중심의 예배가 많은데 이러한 것의 부작용에 주의해야 합니다.

오늘날 교회 공동체도 본질(공간, 임재)과 이동(시간, 변화)의 통합으로 이루어져야 합니다. 이 두 요소가 조화를 이루어야 됩니다. 그러나 목표는 분명합니다. 어디입니까? 영적인 가나안, 곧 예수 그리스도와 천국입니다. 천국은 어떤 곳입니까? 공간과 시간이 완전하고 영원하게 완성된 곳입니다. 그래서 오늘도 교회는 예수 그리스도와 영원한 천국을 향하여 끊임없는 임재와 이동 속에서 존재해야 합니다. 이것이 아름답고 진정한 교회 모습입니다.

교회는 하나님의 임재 속에서 아름답고 복된 행진을 쉬지 않아야 합니다. 하나님의 임재를 누리며 복되고 영적인 가나안을 향하여 거룩한 행진을 계속해야 합니다.

성경은 이스라엘 성막 공동체의 행진을 통하여 우리에게 어떻게 행진해야 할 것인지를 가르쳐 주고 있습니다. 그러면 이스라엘 백성들은 어떻게 광야를 행진했습니까?

구름 기둥의 인도를 따라 행진했습니다.

성막을 세운 날에 구름이 성막 곧 증거의 성막을 덮었고 저녁이 되면 성막 위에 불 모양 같은 것이 나타나서 아침까지 이르렀으되 항상 그러하여 낮에는 구름이 그것을 덮었고 밤이면 불 모양이 있었는데 구름이 성막에서 떠오르는 때에는 이스라엘 자손이 곧 행진하였고 구름이 머무는 곳에 이스라엘 자손이 진을 쳤으니 이스라엘 자손이 여호와의 명령을 따라 행진하였고 여호와의 명령을 따라 진을 쳤으며 구름이 성막 위에 머무는 동안에는 그들이 진영에 머물렀고 구름이 성막 위에 머무는 날이 오랠 때에는 이스라엘 자손이 여호와의 명령을 지켜 행진하지 아니하였으며 (민 9:15-19)

이스라엘 백성들은 구름 기둥을 따라서 행진했습니다. 구름이 머물면 그들은 행진을 중단했고 구름이 이동하면 그 구름을 따라서 행진해 나갔습니다. 그들은 자기들 마음대로 움직이지 않았습니다. 항상 구름기둥을 따라 움직였습니다.

오늘날 우리 교회도 마찬가지입니다. 항상 우리 교회 공동체는 구름 기둥의 인도를 받아야 합니다. 이 말은 하나님의 인도와 이

끄심을 따라야 한다는 말입니다. 하나님이 '가라' 사대 하면 가는 것이고 '서라' 사대 하면 서는 것입니다. 이것이 진짜 교회의 모습입니다. 이것이 주님이 왕 되시고, 머리가 되시는 교회입니다. 주님이 주인이 되어 통치하고 다스리시는 교회입니다.

어떤 법과 제도로만 움직여지는 것이 아닙니다. 교회는 인간이 정한 법과 제도, 질서대로 움직여지지 않습니다. 하나님이 왕 되시고 교회의 머리가 되셔서 이끌어 가시고 다스리시고 통치하시는 교회가 진짜 교회입니다. 한마디로 로드십(Lordship) 신앙으로 충만해 있는 교회가 진짜 교회입니다. 이런 교회가 젖과 꿀이 흐르는 가나안 땅을 향해 행진하는 교회입니다.

개인의 신앙생활도 마찬가지입니다. 내가 잘나서 하는 것이 아닙니다. 내 신념과 판단과 결정으로 신앙생활 하는 것이 아닙니다. 내가 주인이 되고 내가 왕이 되어서 내 맘대로 하는 것이 신앙생활이 아닙니다. 그저 우리 신앙생활은 주님이 영광 받으시고 주님이 기뻐하셔야 됩니다.

우리는 언제나 주님을 주인 삼고 왕 삼아, 주님의 인도와 가르침과 이끄심을 따라 살아가야 합니다. 언제나 주님의 감동대로 순종하고 헌신해야 합니다. 그러면서 이동을 해야 됩니다. 젖과 꿀이 흐르는 가나안 땅으로 말입니다. 그곳을 바라보고 행진하면 소망이 있습니다. 그 소망으로 모든 괴로움과 짜증과 불평도 다 참

아낼 수 있습니다.

물론 그 행진의 과정은 어렵기도 하고 힘들기도 할 것입니다. 그래서 불평하고 원망했던 사람들도 있었습니다. 그런 사람들은 광야에서 다 죽었습니다. 그러나 끝까지 가나안의 소망을 바라보고 행진했던 사람들은 참아냈습니다. 감사하며 찬양하며 기뻐하며 참아냈습니다. 그래서 마침내 요단강을 건너 가나안 땅을 정복했던 것입니다.

우리가 그래야 합니다. 우리도 행진할 때 하나님의 구름기둥을 따라가야 됩니다. 가나안을 바라보고 행진해야 됩니다. 그럴 때 우리는 언제나 기쁨과 감사와 찬양이 넘치는 삶을 살게 됩니다.

제사장의 나팔 소리를 따랐습니다.

> 여호와께서 모세에게 말씀하여 이르시되 은 나팔 둘을 만들되 두들겨 만들어서 그것으로 회중을 소집하며 진영을 출발하게 할 것이라 (민 10:1-2)

이스라엘 백성들은 제사장의 나팔 소리에 따라서 행진을 시작하고 멈추지 않았습니다. 제사장의 나팔 소리는 하나님의 신호를 의미했습니다. 하나님께서 인간에게 명령하고 지시하는 신호의 메시지가 제사장의 나팔 소리였습니다. 이 나팔은 반드시 주의 종,

제사장이 불어야 했습니다. 이 주의 종이 부는 나팔 소리를 따라 그들은 행진한 것입니다. 그러므로 성도들도 행진할 때 주의 종의 나팔 소리에 맞춰 행진해야 합니다. 이것은 주의 종의 가르침과 리더십에 순응하라는 말입니다.

또한 이 나팔 소리는 하나님의 승리와 축복을 미리 앞서 알리는 메시지이기도 했습니다. 행진 전에 제사장이 양각나팔을 부는 것은 행진의 축복과 은총을 미리 예시하고 암시하는 것이었습니다. 그리고 전쟁 출전을 앞두고 제사장이 양각나팔을 부는 것은 하나님이 승리 주심을 미리 선포하고 예시하는 것을 의미했습니다.

> 또 너희 땅에서 너희가 자기를 압박하는 대적을 치러 나갈 때에는 나팔을 크게 불지니 그리하면 너희 하나님 여호와가 너희를 기억하고 너희를 너희의 대적에게서 구원하시리라 (민 10:9)

이 나팔 소리는 제물을 드려놓고 주의 종이 하나님께 고하거나 제물을 놓고 축복하며 축제하는 성격이 있었습니다.

> 또 너희의 희락의 날과 너희가 정한 절기와 초하루에는 번제물을 드리고 화목제물을 드리며 나팔을 불라 그로 말미암아 너희의 하나님이 너희를 기억하시리라 나는 너희의 하나님 여호와니라 (민 10:10)

성경에서도 속죄제나 일반 번제를 드릴 때는 나팔을 안 불었지만, 축제의 절기에 예물을 드릴 때에는 제사장이 나팔을 불었습니다. 그렇게 나팔을 불면 은혜에 대한 욕심, 축복에 대한 욕심이 더 나서 더 많이 드리는 것입니다.

이 나팔 소리는 최종적으로 어디서 울려퍼지게 되는 줄 아십니까? 주님 오실 때 공중에서 울려퍼지게 됩니다. 주님께서 다시 오실 때 천군 천사들이 요란하게 나팔을 붑니다. 그때 우리가 영원한 천국에 주님과 함께 올라가는 것이 아니겠습니까? 나팔 소리가 이렇게 좋은 것입니다.

주께서 호령과 천사장의 소리와 하나님의 나팔 소리로 친히 하늘로부터 강림하시리니 그리스도 안에서 죽은 자들이 먼저 일어나고 그 후에 우리 살아남은 자들도 그들과 함께 구름 속으로 끌어 올려 공중에서 주를 영접하게 하시리니 그리하여 우리가 항상 주와 함께 있으리라 (살전 4:16-17)

결국 우리는 이 땅에서 행진할 때 어디를 향하는 것입니까? 천국을 향하는 것입니다. 무슨 소리를 들으면서요? 주의 종의 나팔 소리입니다. 주의 종의 나팔 소리에 맞춰서 행진하는 것입니다. 그러다가 최종 나팔은 누가 붑니까? 주님이 다시 오실 때 공중에서 천군 천사가 붑니다. 그럴 때 우리는 주님과 함께 저 영원한 천국으로 올라간다는 말입니다.

그러므로 이 땅에서 행진하는 동안 나팔 소리를 잘 따르시기 바랍니다. 그래야 주님이 다시 오시는 날 우리가 천군 천사의 나팔 소리를 잘 들을 수 있습니다.

반드시 언약궤를 앞세우고 행진했습니다.

고핫 자손이 회막 안의 지성물에 대하여 할 일은 이러하니라 진영이 전진할 때에 아론과 그의 아들들이 들어가서 칸 막는 휘장을 걷어 증거궤를 덮고 (민 4:4-5)

그들이 아무리 하나님의 인도를 받는 나팔 소리에 따라 행진했다 하더라도 반드시 하나님의 언약궤를 앞세워야 됩니다. 그러면 언약궤를 앞세웠다는 말은 어떤 의미가 있습니까?

① 하나님의 이름과 임재의 영광을 앞세우고 나가라는 의미입니다.
② 하나님의 언약을 믿고 언약궤를 앞세우고 나가라는 의미입니다.(십계명과 언약서를 담은 법궤)
③ 하나님의 능력을 앞세우고 나가라는 의미입니다.(지팡이를 보관한 언약궤)
④ 오직 하나님의 은혜를 앞세우고 나가라는 의미입니다.(만나 항아리를 담고 있는 언약궤)

그러므로 오늘 우리도 행진할 때에 언약궤를 앞세우고 나가야 합니다. 이 말은 하나님의 이름과 임재의 영광을 앞세우고 가라는 말입니다. 하나님의 언약을 믿고 언약궤를 앞세우고 가라는 말입니다. 하나님의 능력을 앞세우고 나가라는 말입니다. 오직 하나님의 은혜를 앞세우고 나가라는 의미입니다. 그럴 때 우리 개인이 승리하고 우리 교회 공동체도 승리할 수 있다는 것입니다. 그럴 때 행진을 잘할 수 있고 행진을 잘 마치고 승리할 수 있다는 말입니다.

이 모든 행진에 있어서 최종 리더십을 행사하는 자는 모세였습니다.

이 행진에 있어서 진정한 주인과 인도자는 하나님입니다. 그 하나님은 누구를 통해서 당신의 리더십을 행사하게 하셨습니까? 바로 모세를 통해서였습니다.

성막 공동체에 가장 중요한 세 요소가 있었습니다. 첫째는 율법이고, 둘째는 성막이고, 셋째는 모세였습니다.

■ 성막 공동체의 세 요소
① 율법 ② 성막 ③ 모세 ⇒ 이 중에서 모세가 제일 중요하였음.

왜 모세가 가장 중요했을까요? 이스라엘 성막 공동체의 조직은 모세를 중심으로 세워졌고 움직였기 때문입니다.

이와 같이 오늘날도 교회에서 담임 목사가 제일 중요합니다. 담임 목사가 건재해야 교회 공동체의 조직이 건재하고, 담임 목사의 리더십이 확실해야 교회 공동체의 행진이 지속됩니다. 이렇게 담임 목사가 중요하다면 성도들은 가나안을 향한 행진을 하고 신앙생활을 할 때 담임 목사의 가르침을 잘 따라야 합니다. 담임 목사의 인도에 잘 순응해야 합니다. 그래야 행진이 순조롭고 우리의 신앙생활이 평탄합니다.

우리 모두 이런 성도가 되어야 합니다. 무엇보다 거룩하고 복된 행진을 잘 해야 합니다. 우리 모두 가나안을 향한 행진을 잘 합시다. 이 행진은 축복의 행진이요, 승리의 행진이요, 형통과 기적의 행진이 될 것입니다.

♪ 나 가나안 땅 귀한 성에 들어가려고
　내 무거운 짐 벗어버렸네
　죄 중에 다시 방황할 일 전혀 없으니
　저 생명 시냇가에 살겠네
　길이 살겠네 나 길이 살겠네
　저 생명 시냇가에 살겠네
　길이 살겠네 나 길이 살겠네

저 생명 시냇가에 살겠네

그 불과 구름 기둥으로 인도하시니
나 가는 길이 형통하겠네
그 요단강을 내가 지금 건넌 후에는
저 생명 시냇가에 살겠네
길이 살겠네 나 길이 살겠네
저 생명 시냇가에 살겠네
길이 살겠네 나 길이 살겠네
저 생명 시냇가에 살겠네

```
판 권
소 유
```

하나님의 기대

2010년 4월 10일 1판 1쇄 발행
2010년 4월 15일 1판 2쇄 발행

지은이 | 소강석
발행인 | 이형규
발행처 | 쿰란출판사

주소 | 서울 종로구 이화동 184-3
TEL | 02-745-1007, 745-1301~2, 747-1212, 743-1300
영업부 | 02-747-1004, FAX | 02-745-8490
본사평생전화번호 | 0502-756-1004
홈페이지 | http://www.qumran.co.kr
E-mail | qumran@hitel.net
E-mail | qumran@paran.com
한글인터넷주소 | 쿰란, 쿰란출판사

등록 | 제1-670호(1988.2.27)

책임교열 | 송은주

값 10,000원

ISBN 978-89-5922-887-4 93230

* 이 출판물은 저작권법의 보호를 받는 저작물이므로 무단 복제할 수 없습니다.
* 잘못된 책은 교환해 드립니다.